Dan-Emilian Tinică

CRĂCIUN ROŞU

PIESĂ ÎN 4 ACTE

SELF PUBLISHING
www.self-publishing.ro

Descrierea CIP a Bibliotecii Naţionale a României
TINICĂ, DAN-EMILIAN
  Crăciun roşu / Dan Emilian Tinică. – Bucureşti:
Self Publishing, 2014
    ISBN 978-606-8601-76-2
821.135.1.09-2

Tehnoredactare şi design copertă:
Simona Bănică

ISBN: 978-606-8601-76-2

Bucureşti, 2014

CUVÂNT ÎNAINTE

Revoluția din decembrie 1989 m-a găsit în străinătate, întoarcerea în țară având loc abia prin aprilie 1990, așa că toate informațiile referitoare la acest eveniment au fost cele pe care le-am luat de la TV (prima revoluție transmisă în direct, la TV), și din ziare. Dilema „a fost revoluție sau lovitură de stat" am rezolvat-o simplu, trăgând concluzia că cea de-a doua variantă este cea adevărată. Cum uitarea s-a lăsat încet, dar sigur, peste „evenimentele din decembrie", toate istorisirile legate de revoluție intrând într-un nemeritat con de umbră, am început și eu să mă gândesc mai puțin la ceea ce a fost și mai mult la ceea ce este în prezent.

Fiind încă sub impresia morții soției mele, care, deși s-a produs cu circa 7 ani în urmă, încă mă urmărește, mi-am amintit de moartea cuplului Ceaușescu. Faptul că au murit împreună, în același timp, trebuie să fi fost o consolare pentru cei doi, care, sunt sigur, au fost uniți, la bine și la rău. Am început să caut pe internet mărturii ale celor care au participat direct la evenimente. Pe măsură ce citeam, am înțeles adevărul și anume că a fost o adevărată, uriașă revoluție izbucnită cu furie din nemulțumirile și frustrările unui popor umilit și înfometat, ținut în lesă zeci de ani de un dictator paranoic, care a început la Timișoara, dar care, în scurt timp, s-a întins pe întregul teritoriu al României.

Am înţeles totodată că este vorba de un eveniment cu totul şi cu totul deosebit, singular în istoria de peste 150 de ani a României moderne, care nu trebuie uitat de generaţiile următoare, care trebuie amintit cât mai des tinerilor noştri, atât de dezorientaţi şi de lipsiţi de idealuri în această lume mercantilă în care s-au născut şi sunt obligaţi să trăiască, care caută, de cele mai multe ori, salvarea peste mări şi ţări ca eroul din poveste. Evenimentul trebuie reamintit permanent noilor generaţii născute cu puţin înainte sau după 1989, în pofida încercărilor persistente, mai mult sau mai puţin voalate, de a arunca în uitare Revoluţia din decembrie, de a o minimaliza sau discredita, încercări făcute chiar de cei care au profi   cel mai mult de pe urma ei.

Aşa a apărut ideea unei piese de teatru care să cuprindă momentele de vârf ale revoluţiei, şi ce ar fi putut fi mai semnificativ decât transformarea lui Nicolae Ceauşescu din stăpân atotputernic, în muritor de rând adus în faţa plutonului de execuţie şi evoluţia apropiaţilor săi de la starea de slugi obediente, la cea de călăi nemiloşi, toate acestea petrecându-se pe parcursul câtorva zile.

Totodată, aflându-ne la aproape 25 de ani de la evenimente nu am putut să nu observ cum realizările regimului Ceauşescu, făcute cu munca, abnegaţia şi sacrificiile câtorva generaţii de români, au fost distruse de urmaşii săi din fruntea ţării, fiind sursa de îmbogăţire a unei minorităţi privilegiate care descinde din fosta clasă conducătoare de dinainte de 1989, (activişti de partid şi ofiţeri de securitate, mai mult sau mai puţin acoperiţi) şi sursa sărăciei, a şomajului şi a dorinţei de emigrare a unei părţi importante

4

din populaţie, ceea ce a făcut ca dictatorul urât şi hulit în decembrie 1989 să fie regretat în prezent de 70% din populaţia României (!). De asemenea, nu am putut să nu observ demnitatea cu care a înfruntat dictatorul plutonul de execuţie (fapt atestat de toţi martorii oculari) şi nu am putut să nu mă întreb câţi dintre conducătorii de azi ar avea o atitudine la fel de bărbătească, în condiţii similare.

Piesa s-a scris aproape de la sine, în decembrie 2013, scenele evenimentelor din 21-22 decembrie 1989 fiind puse pe hârtie în 21-22 decembrie 2013. Am terminat-o în ianuarie 2014. Nefiind propriu-zis o piesă de teatru, ci, mai ales, o încercare de a fixa cumva într-un tipar literar clasic, întâmplări de un dramatism deosebit din istoria ţării noastre, nu ştiu dacă va putea fi reprezentată vreodată, dar asta am simţit că trebuie să fac atunci când am citit documentele Revoluţiei române.

DAN-EMILIAN TINICĂ

„Cei care nu-şi amintesc trecutul
sunt condamnaţi să-l retrăiască“
George Santayana

PERSONAJELE

NICOLAE CEAUŞESCU – Preşedintele României, secretar general al PCR, comandantul suprem al Forţelor Armate

ELENA CEAUŞESCU – soţia lui Nicolae Ceauşescu, prim-viceprim-ministru al Guvernului

CONSTANTIN DĂSCĂLESCU – prim-ministru al Guvernului

EMIL BOBU – membru al Biroului Politic al CC al PCR

MANEA MĂNESCU – membru al Biroului Politic, fost prim-ministru

GOGU RĂDULESCU – membru al Biroului Politic

SILVIU CURTICEANU – şeful Cancelariei CC

TUDOR POSTELNICU – membru al Biroului Politic şi ministru de Interne

ION DINCĂ – membru al Biroului Politic

VASILE MILEA – ministrul Apărării

IULIAN VLAD – şef al Departamentului Securităţii Statului

MIHAI HÂRJEU – secretar particular al lui Nicolae Ceauşescu

CONSTANTIN MANEA – şeful de cabinet al lui Nicolae Ceauşescu

Colonelul CORNELIU PÂRCĂLĂBESCU – şef al Statului Major al Gărzilor Patriotice din C.C. al PCR

General-locotenent VICTOR ATANASIE STĂNCULESCU – personaj cheie

ANDRUŢĂ CEAUŞESCU – fratele lui Nicolae Ceauşescu

LICĂ BĂRBULESCU – cumnatul lui Nicolae Ceauşescu

General-locotenent ILIE CEAUŞESCU – fratele lui Nicolae Ceauşescu, ministru adj. al Apărării

Generalul MARIN NEAGOE – şeful Direcţiei a V-a a Securităţii (Direcţia de protecţie şi pază)

ZOE CEAUŞESCU – fiica lui Nicolae Ceauşescu şi a Elenei Ceauşescu

VALENTIN CEAUŞESCU – fiul lui Nicolae Ceauşescu şi al Elenei Ceauşescu

ILIE VERDEŢ – fost prim-ministru

General-locotenent NICOALE EFTIMESCU – prim-locţiitor al şefului Marelui Stat Major al Armatei Române

Generalul-maior GHEORGHE VOINEA – comandant al Armatei 1

MAXIM BERGHIANU – ministru

ION PĂŢAN – ministru

IOAN TOTU – ministru

BARBU PETRESCU – primarul Bucureştiului

Colonel VASILE MALUŢAN – pilotul elicopterului prezidenţial

Căpitan MARIAN RUSU – aghiotantul Elenei Ceauşescu

Maiorul FLORIAN RAŢ – aghiotantul lui Nicolae Ceauşescu

Doctorul NICOLAE DECĂ

Crainicul TVR GEORGE MARINESCU

Locotenet-colonel ŞTEFAN CONŢ – Inspectoratul Judeţean Dâmboviţa

PETRE ŞTIRBESCU – revoluţionar

Sergent-major ENACHE – IJD

Sergent-major CONSTANTIN PAISIE – IJD

Căpitan ION BOBOC – UM 1378

Locotenent-major AURELIAN APOSTOL OFIŢER MApN

Maior ION MAREŞ – UM1378

Locotenent-colonel ION ŢECU – locţiitorul pentru servicii al comandantului

Colonel ANDREI CHEMENICI – comandantul Garnizoanei
    Târgovişte
Locotenet-major IULIAN STOICA – UM 1378
Plutonier CONSTANTIN STOICAN – UM 1378
Căpitan GHEORGHE BOERU – comandantul UM 01842
    Boteni
Colonel de justiţie GICĂ POPA – preşedintele completului
    de judecată
Maior DAN VOINEA – procuror militar Direcţia Procura-
    turii Militare
Plutonier-major JAN TĂNASE – grefierul completului de
    judecată
Avocat NICOLAE TEODORESCU – avocat din oficiu, Ba-
    roul Bucureşti
Avocat CONSTANTIN LUCESCU – avocat din oficiu, Ba-
    roul Bucureşti

Copilotul elicopterului prezidenţial, mecanicul aceluiaşi eli-
copter, soldaţi, muncitori agricoli, membrii completului de
judecată (un judecător şi doi asesori populari), Gelu Voican
Voiculescu, Virgil Măgureanu, ofiţeri, soldaţi.

ACTUL I

TIMIŞOARA

*O sală din clădirea Comitetului Central al PCR.
Pentru toate scenele cu şedinţe ale CPEx se va folosi acelaşi
decor. O cameră tipică de şedinţe cu o masă lungă şi scaune
cu spătar de jur împrejur. Nicolae Ceauşescu va sta în locul
din mijlocul mesei pe un scaun mai mare şi mai elegant decât
celelalte cu faţa spre public. Imediat lângă el Elena Ceauşescu
de asemenea pe un scaun deosebit de celelalte. Masa va fi
orientată paralel cu scena pentru ca toţi cei prezenţi să fie
văzuţi de public. La masa vor fi numai câţiva dintre membrii
CPEx mai importanţi pentru a nu aglomera inutil scena,
deşi în realitate numărul celor prezenţi a fost mult mai mare.
Pe fundal va fi un ecran uriaş pe care vor apărea observaţii
referitoare la ceea ce se petrece pe scenă, sau
s-a petrecut pe scenă, sau în cazul scenelor cu mase de
participanţi, demonstranţi, pe ecran vor fi proiectate filmări
din timpul revoluţiei din decembrie 1989, sau filmări care să
sugereze prezenţa unor mase mari de oameni.*

SCENA 1

*Pe ecran apare un scurt filmuleţ cu una din şedinţele CPEx.
În faţa ecranului este o cortină care cade imediat după
proiectarea filmuleţului. În faţa spectatorilor apare sala*

N.C.: Am convocat şedinţa aceasta, a Comitetului Politic Executiv, pentru a discuta unele probleme care s-au întâmplat la Timişoara. Din câte am fost informat de către comitetul judeţean de partid Timiş, la Timişoara, au avut loc unele manifestări în legătură cu evacuarea din locuinţa pe care o deţinea a preotului reformat Tökés László. Acesta a fost evacuat, din locuinţă, în urma hotărârii luate de forurile bisericeşti.

Vreau să vă informez că acesta a fost mutat din Timişoara în altă localitate, pentru abaterile care le-a avut pe linia lor. Nu a vrut să elibereze locuinţa şi datorită acestui lucru, episcopia s-a adresat tribunalului. În urma hotărârii judecătoreşti s-a trecut la evacuarea lui din locuinţă. Acesta a fost un pretext, deoarece incidentele grave de la Timişoara au fost organizate şi declanşate de cercurile revanşarde, revizioniste şi de agenţi atât din răsărit cât şi din apus.

Scopul acestora a fost destabilizarea situaţiei din România, de a acţiona în direcţia lichidării independenţei şi integrităţii teritoriale a României. Aceste elemente au atacat sediul comitetului judeţean de partid, au lovit pe cei care erau însărcinaţi cu paza şi au dat foc. Organele noastre de ordine n-au ripostat, aşa cum se cerea.

În cursul nopţii, din zece în zece minute, am discutat, atât cu Milea, cât şi cu Postelnicu să pună ordine. I-am ordonat lui Milea să deplaseze în oraş trupe motorizate, tanchete. Dar Milea nu a făcut acest lucru. A scos trupele şi le-a deplasat spre Vest. Ce crezi Milea eu aveam nevoie de trupe la Jimbolia?!

Străzile în Timişoara sunt destul de largi, aşa că puteai să desfăşori trupele pe străzile Timişoarei şi să faci o demonstraţie de forţă.

Or, voi nu aţi făcut acest lucru; nici tu, nici Postelnicu! Curticeanu, te rog să-l chemi aici şi pe Vlad Iulian.

SILVIU CURTICEANU: Îl chem imediat!

N.C.: În loc să faceţi ce v-am spus eu, voi aţi trimis armata cu gloanţe de manevră. Eu ştiam că trupele de grăniceri sunt dotate cu gloanţe de front. Repet, nici una din trupe nu a fost înzestrată cu arme de front. Ştiţi cum aţi procedat voi?! Pur şi simplu aţi avut o atitudine capitulardă, defetistă. Dacă aş fi ştiut că nu sunteţi în stare să opriţi pe aceşti huligani, pe aceste elemente declasate, apelam la 500 de muncitori, îi înarmam şi rezolvam problema. Dar voi nu aţi făcut acest lucru deşi toată noaptea, până la ora 4 dimineaţa, am stat, din zece în zece minute, de vorbă cu voi. Cum s-au lăsat batjocoriţi şi loviţi cei care se găseau şi aveau în pază comitetul judeţean de partid, şi voi ce aţi făcut?! N-aţi respectat ordinul pe care vi l-am dat.

TUDOR POSTELNICU: Aveţi dreptate tovarăşe secretar general, ai noştri au acţionat cu bastoane de cauciuc.

N.C.: Eu v-am spus ce aveaţi de făcut, dar voi nu aţi făcut
aşa. Trebuia să trageţi! Trebuia să trageţi un foc de
avertisment şi dacă nu încetau trebuia să trageţi în ei.
În primul rând trebuia să trageţi la picioare.

E.C.: Să fi tras în ei, să fi tras la picioare şi cei care cădeau
să fi fost băgaţi în beci, ca să nu mai poată ieşi nicio-
dată de acolo.

N.C.: De ce n-aţi făcut ce v-am spus eu?!

VASILE MILEA: Vă raportez, tovarăşe secretar general,
că n-am înţeles acest lucru. Am căutat în toate regula-
mentele militare şi nu am găsit nicăieri prevăzut că
armata trebuie să tragă în popor.

N.C.: Dar eu ce v-am spus vouă?!

TUDOR POSTELNICU: Noi aşa am înţeles, dar vom face
cum ordonaţi dumneavoastră.

N.C.: Ştii cum ai procedat tu, Milea? Aşa cum ai trimite pe
front trupe neânarmate ca să fie decimate de
duşman. Ştiţi ce meritaţi voi? Să fiţi puşi în faţa
plutonului de execuţie.

TUDOR POSTELNICU: Aveţi dreptate, tovarăşe secretar
general. Eu am fost un activist devotat partidului şi
indiferent ce va fi cu mine, chiar dacă n-am să mai fiu
în această funcţie, voi rămâne acelaşi activist credin-
cios şi voi duce la îndeplinire sarcinile pe care mi le
veţi da.

N.C.: (*către Iulian Vlad*) Şi trupele voastre de securitate
unde erau? De ce n-au acţionat? Şi ele aveau gloanţe
de manevră?!

*(Iulian Vlad a intrat în toiul discuţiilor chemat de Silviu
Curticeanu şi s-a aşezat undeva spre coada mesei,
în picioare.)*

IULIAN VLAD: Am crezut că lucrurile se liniştesc.

N.C.: Curticeanu, te rog să convoci Consiliul de Stat. Să se facă imediat decretul şi să fie destituiţi din funcţie Milea, Postelnicu şi Vlad.

SILVIU CURTICEANU: Am înţeles!

N.C.: Te rog să te interesezi dacă Coman a ajuns la Timişoara şi să-mi faci imediat legătura cu el.

GOGU RĂDULESCU: Tovarăşe Ceauşescu, eu v-aş ruga să nu luăm această măsură, pentru că nu este acum, aşa consider eu, momentul, să-i lăsăm să vedem cum vor acţiona şi după aceea să luăm măsurile care se impun.

CONSTANTIN DĂSCĂLESCU: Şi eu, tovarăşe Ceauşescu, sunt de aceeaşi părere. Consider că nu este acum cazul să luăm această măsură.

N.C.: Manea tu ce părere ai?

MANEA MĂNESCU: Tovarăşe preşedinte şi eu cred că nu este acum momentul pentru această măsură.

GOGU RĂDULESCU: Tovarăşe Ceauşescu, vă rog să nu luăm acum această măsură, ci să-i lăsăm să vedem cum vor acţiona. După aceea vom vedea ce măsuri se impun a fi luate.

N.C.: Îi lăsăm pe ăştia să demonstreze şi noi nu luăm nici o măsură?!

Voi ştiţi cum a fost, în 1945, în această piaţă. Au tras în noi şi nouă nu ne-a fost frică de ei. Eu eram aici, în piaţă, împreună cu Doncea şi cu Pătrăşcanu. (*Face o pauză.*)

Deci nu sunteţi de acord cu măsura propusă?! (*Trânteşte hârtiile din faţa sa şi se ridică de pe scaun.*)

Atunci alegeţi-vă alt secretar general! (*Se îndreaptă spre uşă.*)

SILVIU CURTICEANU (*se repede după N.C.*): Nu aşa, tovarăşe secretar general. Eu niciodată n-am să vă părăsesc, voi rămâne totdeauna lângă dumneavoastră.

CONSTANTIN DĂSCĂLESCU (*se ridică de pe scaun*): Nu se poate, tovarăşe secretar general, noi nu asta am vrut!

(În acest moment toţi cei prezenţi se ridică de pe scaune. E un moment de confuzie. E.C. se îndreaptă spre N.C. şi-l convinge să se întoarcă la scaunul său.)

EMIL BOBU: Vă rugăm să nu vă supăraţi, tovarăşe secretar general!

GOGU RĂDULESCU: Eu nu am făcut propunerea aceasta ca să ajungem la o asemenea situaţie. A fost o simplă părere.

N.C.: Bine. Atunci eu voi pleca mâine în Iran şi vom relua această problemă după ce se vor termina evenimentele de la Timişoara.

Acum, pe cine să lăsăm să se ocupe de aceste probleme. Se vor ocupa tovarăşa Ceauşescu împreună cu Manea Mănescu. Ei vor fi cei care vor organiza şedinţe atunci când va fi cazul şi vor convoca Biroul Permanent al Comitetului Politic Executiv. Nici unul din membrii Biroului Permanent, în perioada cât lipsesc eu din ţară nu vor părăsi Bucureştiul. Ceilalţi membri ai Comitetului Politic Executiv, dacă au probleme, pot pleca, dar membrii Biroului Permanent nu. Deci, eu mâine voi pleca şi sper că în ţară lucrurile se vor desfăşura în cele mai bune condiţiuni.

TUDOR POSTELNICU: Tovarăşe secretar general, aşa cum am spus şi mai înainte, eu voi rămâne un activist devotat partidului şi voi duce la îndeplinire sarcinile pe care mi le-aţi dat. Îmi pare foarte rău că v-am provocat această supărare.

N.C.: Aţi convocat teleconferinţă?

SILVIU CURTICEANU: Da.

N.C.: Acum vom merge la teleconferinţă. La teleconferinţă să convocaţi comandanţii militari din judeţe şi şefii inspectoratelor Ministerului de Interne.

Cu aceasta ridicăm şedinţa.

SCENA 2

(Nicolae Ceauşescu sta singur la o masă de dimensiuni normale, cu faţa la public, cu un microfon în faţă. Vocile celor care îi răspund se aud în nişte difuzoare amplasate lateral. N.C. susţine teleconferinţa din seara zilei de 17.12.1989.)

N.C.: Bună seara!

Am convocat această teleconferinţă, având în vedere unele evenimente foarte grave care s-au întâmplat în ziua de ieri şi de astăzi la Timişoara. Aparent, totul a pornit de la un proces de evacuare a unui preot care a fost mutat de cultul respectiv şi nu vroia să se evacueze, care, însă, anterior, a făcut declaraţii antiromâneşti la Budapesta şi s-a aliat cu cercurile revizioniste ostile integrităţii României.

Acum reiese clar că totul a fost un pretext, că a fost o acţiune pregătită din timp de agenţii din străinătate şi de cercurile antisocialiste din Est şi din Vest.

La Timişoara nu s-a făcut ordine pentru că s-au făcut unele greşeli inadmisibile la punerea în aplicare a măsurilor stabilite, ca unităţile care au fost destinate să aplice unele măsuri, au fost puse în imposibilitate să acţioneze, au fost trimise dezarmate.

Am transmis cu câteva minute înainte tovarăşului Ion Coman, care a sosit acum cu alţi generali la Timişoara, ordinul ca toate trupele să primească imediat muniţie de război şi să someze pe oricine nu se supune. Se socoteşte stare de necesitate şi se aplică legea!

În Timişoara a fost atacat şi sediul comitetului judeţean de partid şi nu s-a reacţionat cum trebuie, s-a întors şi obrazul celălalt, parcă ar fi fost Isus Hristos!

Începând de astăzi, toate unităţile Ministerului de Interne, inclusiv miliţia, trupele de securitate, unităţile de grăniceri vor purta armament de luptă, inclusiv gloanţe. Fără discuţie! Cu respectarea regulamentelor şi normelor legale, de somaţie, conform legilor ţării! Oricine atacă un soldat, un ofiţer, trebuie să primească riposta! Oricine intră într-un consiliu popular, sediu de partid, sparge geamurile la magazine, trebuie să primească riposta imediat! Nici un fel de justificare! Menţionez: umanismul nu înseamnă capitularea în faţa duşmanului! Umanismul înseamnă apărarea poporului, integrităţii ţării şi socialismului.

Aceasta este prima problemă.

Dacă s-a înţeles bine şi întreb întâi la Timişoara? Dacă sunt prezenţi, să-mi răspundă primul secretar care îndeplineşte şi calitatea de comandant al judeţului, şi tovarăşul Ion Coman, dacă sunt prezenţi ofiţerii acolo?

Vocea lui RADU BALAN prim secretar al judeţului Timiş: Să trăiţi, tovarăşe comandant suprem! Sunt aici cu tovarăşul

Coman. S-au luat măsuri pentru executarea
ordinului dat de dumneavoastră.

N.C.: Am cerut să fie în sală! De ce nu sunt în sală?

Vă rog transmiteţi ordinul meu! Acţionaţi în calitatea
pe care o aveţi în raport de situaţie, în calitatea de situaţie
de luptă! Activitatea fiecăruia o judecăm ca atare şi într-o
oră trebuie restabilită complet ordinea în Timişoara.

Te rog, chemaţi-i şi daţi-le ordin şi când sunt la voi
mi-i daţi şi mie să vorbesc cu ei la telefon!

S-a înţeles?

Vocea lui ION COMAN secretar al PCR: Capătul la 3 co-
loane intră în Timişoara. Am trimis să dirijeze în cen-
trul oraşului. Am ordonat să se tragă foc!

N.C.: Comandantul diviziei din Timişoara unde este ?

Vocea lui ION COMAN: Este la divizie, tovarăşe Nicolae
Ceauşescu!

N.C.: De ce la divizie? Ceilalţi generali din Bucureşti unde
sunt? Imediat să vină împreună cu voi să fie la punctul
de comandă şi punctul de comandă este comitetul ju-
deţean al partidului.

Generalii care au mers cu tine unde sunt? Generalii
care au venit din Bucureşti, şeful marelui stat major,
ministrul adjunct şi ceilalţi unde sunt?

Vocea lui ION COMAN: Acum am mers cu ei să vadă cele
trei coloane.

N.C.: Te rog, acţionează în numele meu. Preiei comanda şi
îmi raportezi din 15 în 15 minute cum se soluţionează
problemele! Toate unităţile să fie în centru şi să facă
ordine! S-a înţeles?

Vocea lui ION COMAN: Am înţeles, tovarăşe Nicolae
Ceauşescu!

N.C.: Poftim! Nici acum nu au sosit unităţile, deşi mi s-a raportat că au sosit!?

Vocea lui VASILE MILEA ministrul apărării: Punctul de comandă a fost la comandantul diviziei. Au legătură prin radio cu tancurile.

N.C.: Trebuiau să fie strânse împreună, dar nici unităţile n-au sosit.

Vocea lui VASILE MILEA: Sunt la intrarea în oraş. Cei din Arad, Lugoj. Ceilalţi sunt în oraş!

N.C.: Dacă celelalte judeţe au înţeles măsurile care trebuie luate din acest punct de vedere sau au ceva nelămuriri sau de întrebat ceva?

Cluj, s-a înţeles?

Vocea PRIMULUI SECRETAR de la Cluj: S-a înţeles, to-varăşe secretar general!

N.C.: Iaşul s-a înţeles?

Vocea PRIMULUI SECRETAR de la Iaşi: S-a înţeles to-varăşe secretar general!

N.C.: Vă rog, imediat chemaţi toţi comandanţii şi aplicaţi măsurile. Nu aşteptaţi de la Bucureşti alte dispoziţii!

A doua problemă.

Trebuie neapărat ca gărzile muncitoreşti să fie bine pregătite şi să meargă, dacă se apelează la ele, cu ar-mament de luptă! Să se discute foarte serios în toate unităţile, în învăţământul superior să se arate tinere-tului că este necesar să se adopte o poziţie fermă faţă de orice manifestări antisocialiste, care pun în pericol integritatea şi independenţa României, cuceririle po-porului. Că aceasta este obligaţia tuturor cetăţenilor patriei, indiferent de origine sau că sunt sau nu sunt membri de partid.

Pe primul plan trebuie să stea producţia, şi nici o în-
cercare de a dezorganiza producţia nu trebuie admisă.
Să se asigure bună aprovizionare cu tot ce este necesar,
dar cu atitudine fermă, dacă se găsesc elemente care
încearcă să provoace dezordine. Nu trebuie să credem
că noi suntem ocoliţi şi nu există şi la noi anumite ele-
mente care s-au pus în slujba diferitelor servicii străine,
care acţionează pentru un dolar sau pentru o rublă îm-
potriva propriului popor, împotriva independenţei ţării.
Practic, întregul comitet judeţean de partid, activul de
partid trebuie considerat în stare de alarmă! Fără a ne-
glija, repet, problema producţiei, a planului, dar atenţie
la orice fel de manifestări. Nu trebuie să mai subliniez
faptul că cercurile reacţionare îşi concentrează atenţia
de a face totul pentru a submina socialismul în Ro-
mânia, independenţa şi integritatea ţării. Au făcut, de
altfel şi declaraţii publice şi tot ceea ce se întâmplă în
ţările socialiste în ultimul timp este de fapt o acţiune
de destabilizare, care are drept scop distrugerea socia-
lismului! Este o adevărată lovitură de stat, aşa-zis paş-
nică! Antisocialistă! Şi trebuie privită ca atare!
Dacă asupra acestor probleme este vreo neclaritate?
Nu? (*Nicio voce nu-l contrazice, face o scurtă
pauză.*) Am stabilit să nu mai primim în perioada
următoare turişti străini şi să nu mai aibă loc nici
aşa-zisul mic trafic de frontieră. Îl suspendăm! Vom
reveni mai târziu! Aşa cum am spus în anul 1968, după
intrarea în Cehoslovacia, acum situaţia este şi mai
gravă şi trebuie să spunem clar întregului popor, şi
să luăm toate măsurile pentru a putea răspunde
oricărei încercări de amestec străin în România,

de a abate poporul de pe calea dezvoltării socialiste!
Iată, tovarăşi, acesta este, pe scurt, obiectul acestei
scurte teleconferinţe, dar care vreau să înţelegeţi că are
loc într-o situaţie deosebită şi trebuie să luăm măsuri
cu toată fermitatea!
Dacă aveţi ceva de întrebat ? Sau de spus ?
Este clar, tovarăşi ? (*Nu intervine nimeni. Scurtă pauză.*)

N.C.: Vă rog, atunci, luaţi măsuri imediate, chemaţi unită-
ţile ministerului de interne, armata, biroul judeţean,
activul şi stabiliţi măsurile care se impun astăzi. Nu
amânaţi pentru mâine!

Să organizaţi grupe de patrulare comune, formate din
unităţile de miliţie, de securitate şi armată, cu organi-
zaţiile de partid şi de UTC, cu grupele de gărzi patrio-
tice, cu organizaţiile de tineret, cu activiştii de partid,
bine verificaţi, cu poziţie fermă, activă, instruiţi bine!
Şi aceasta nu pentru o zi! Aceasta pentru perioada
până când se va revoca acest ordin! Va rămâne în vi-
goare, practic, până după Anul Nou.

Vă mai întreb o dată, tovarăşi, dacă aveţi ceva de spus
sau de întrebat ceva?

Nu?

Atunci, tovarăşi, cu aceasta am încheiat teleconferinţa
şi vă rog, treceţi imediat la măsuri ferme în sensul
celor ce am spus!

Spor la muncă!

SCENA 3

(Anticamera cabinetului lui Nicolae Ceauşescu.
Intră Elena Ceauşescu şi Nicolae Ceauşescu.)

E.C.: Nicule cum a fost în Iran?

N.C.: Ţi-am mai spus, a fost bine. Nu ţi-am spus şi la telefon? O să facem câte ceva. Aranjam mai multe, dar am fost îngrijorat de ce se întâmplă în ţară. I-aţi potolit pe cei de la Timişoara?

E.C.: Nu s-au liniştit de tot. Încă mai sunt focare. Bobu şi cu Dăscălescu sunt la Timişoara încearcă să ţină situaţia sub control.

N.C.: (*Apasă butonul unei sonerii. Vorbeşte către un microfon de pe birou.*) Hârjeu, fă-mi legătura cu Dăscălescu la Timişoara. (*Se aude o sonerie. N.C. ridică un telefon.*) Alo Dăscălescule! Alo, mă auzi? Ce tot spui, revendicări. (*Ţipă.*) Să le dea Milea revendicări! Cum ai primit o delegaţie? Ce vor? Alegeri democratice! Unde se cred! (*Către Elena.*) Vor cadavrele celor omorâţi şi eliberarea celor arestaţi.

E.C.: Nu le dăm nimic! Să-i împuşte pe cei mai recalcitranţi!

N.C.: (*La telefon către Dăscălescu.*) Spune-le că nu a fost nimeni omorât! Eliberează o parte din cei arestaţi! Spune-le că e un gest de bunăvoinţă! Vrem ca totul să se rezolve pe cale paşnică. Nu ceda! Spune-i lui Milea să fie mai ferm! (*Închide. Către E.C.*) Trebuie să nu pierdem nicio clipă. Ţin o nouă teleconferinţă, iar seara vorbesc la radio şi televiziune. (*Îl sună pe Hârjeu.*) Vorbeşte cu Curticeanu să convoace o teleconferinţă la orele 18 cu toţi secretarii de la judeţe. Seară pe la 7 o să vorbesc la radio şi la televiziune.

SCENA 4

(Anticamera biroului lui N.C. din sediul CC. Se ţine o şedinţă restrânsă a biroului permanent al CC al PCR. Sunt prezenţi

Silviu Curticeanu, Manea Mănescu, Gogu Rădulescu, Ion Dincă, Tudor Postelnicu. N.C. stă la un birou. Ceilalţi sunt aşezaţi pe canapele, fotolii.)

N.C.: Aţi auzit ce le-am spus la teleconferinţă?

TOŢI CEI PREZENŢI ÎN COR: Auzit, tovarăşe secretar general!

GOGU RĂDULESCU: Aţi fost magistral tovarăşe secretar general!

N.C.: Am vorbit pentru toţi. Am vrut să-i fac să înţeleagă că ce se întâmplă la Timişoara e o diversiune a agenturilor de spionaj, a cercurilor revanşarde, a Budapestei în special. Au spus-o destul de clar! Să facă totul ca focarul de la Timişoara să fie stins, iar în restul ţării să fie linişte. Să se prelucreze cu activul de partid, cu tineretul, să fie gata să dea o ripostă hotărâtă huliganilor! Gărzile patriotice să fie pregătite! (*Apasă butonul soneriei.*) Cheamă-l pe Pârcălăbescu!
(*Către cei din cameră.*) Am să vă spun ce am de gând să le spun în cuvântarea de la televizor şi la radio! Să-mi spuneţi dacă aveţi ceva de obiectat. (*Întră Pârcălăbescu.*)

N.C. (*către Pârcălăbescu*): Să aduni gărzile din Gorj, Dolj şi Vâlcea, cam vreo 25.000 de oameni, să-i dotezi cu bâte şi să-i trimiţi urgent la Timişoara. Cei de acolo au nevoie de ajutor! S-a înţeles?

PÂRCĂLĂBESCU: Da, să trăiţi, tovarăşe comandant suprem! (*Iese.*)

N.C.: Ideile sunt cele de la teleconferinţă. Trebuie să înţeleagă toată lumea ca în spatele a tot ce se întâmplă e mâna agenturilor de spionaj. Campania declanşată imediat de diferite cercuri începând cu Budapesta, inclusiv declaraţiile preşedintelui Statelor Unite ale Americii, George Bush, demonstrează acest lucru! Chiar George Bush a declarat că a discutat la Malta cu Gorbaciov despre România. Gorbaciov nu a spus nimic ceea ce înseamnă că a fost de acord. Trebuie să le spunem oamenilor toate astea să înţeleagă situaţia! Atacul asupra republicii Panama face parte din acelaşi plan împotriva statelor care îşi apără independenţa şi integritatea teritorială. Este un plan al cercurilor imperialiste mondiale! Trebuie prelucrate aceste lucruri cu toată lumea, nu numai cu activul de partid! E nevoie de o mobilizare generală a tuturor forţelor progresiste, pentru a opri acţiunea forţelor iredentiste care doresc dezmembrarea ţării, pierderea independenţei, distrugerea tuturor cuceririlor socialismului, în ultimă instanţă, împotriva poporului român! Ce spuneţi?

E.C.: Foarte bine Nicule, acum o să le arătăm lor!

GOGU RĂDULESCU: Aţi subliniat ideile principale tovarăşe secretar general! Va fi o cuvântare foarte mobilizatoare.

ALTE VOCI: Foarte bine tovarăşe secretar general!

N.C.: Rămâneţi să urmăriţi cuvântarea la televizorul de aici din cameră.

(Toţi cei din cameră încep să se uite în aceeaşi direcţie ca şi cum s-ar uita la un televizor. Cei din cameră sunt acoperiţi de o cortină. În schimb apare ecranul descris la începutul piesei. Pe ecran apare mira televiziunii române, se cântă prima strofă din „Trei culori", imnul ţării la acea vreme.
Apoi apare crainicul televiziunii române care anunţa că tovarăşul Nicolae Ceauşescu secretar general al PCR,

preşedintelui Republicii Socialiste România va ţine o
cuvântare. Pe ecran apare Nicolae Ceauşescu.)

N.C.: Dragi tovarăşi şi pretini, oameni ai muncii, tineri şi bătrâni, femei şi bărbaţi.

Ţin această cuvântare din cauza evenimentelor care au avut loc la Timişoara în seara zilei de 17 decembrie, despre care sunt sigur că aţi auzit cu toţii. Aceste au un profund caracter terorist fiind organizate şi declanşate în strânsă legătură cu cercurile reacţionare, imperialiste, iredentiste şi şoviniste şi cu serviciile de spionaj din diferite ţări străine, în scopul de a provoca dezordinea în vederea destabilizării situaţiei politice şi economice, de a crea condiţiile dezmembrării teritoriale a României, distrugerii independenţei şi suveranităţii patriei noastre socialiste.

Armata şi-a îndeplinit pe deplin datoria faţă de patrie, faţă de popor, faţă de cuceririle socialismului... *(Pentru scurt timp Ceauşescu e văzut pe ecran, dar nu se mai aude ce spune, apoi cade cortina din faţa ecranului şi se ridica cea din faţa camerei unde se află membrii Biroului Politic Executiv.)*

(Intră Ceauşescu. Toţi cei din încăpere se ridică în picioare şi încep să aplaude. Ceauşescu le face semn să se aşeze. Ceilalţi se aşează.)

N.C.: Trebuie să acţionăm rapid, să nu le lăsăm timp să se organizeze. *(Sună.)* Hârjeu vino încoace!

(Intră Mihai Hârjeu, secretarul personal. Ceauşescu i se adresează.)

Pregăteşte o ciornă pentru un decret de declarare a stării de necesitate în judeţul Timiş. (*Hârjeu iese.*)

N.C.: Ce ziceţi să organizăm mâine în jurul orei 12 un miting. Ştiţi voi, unul mare de cca. 100.000 de persoane. (*Se uită întrebător la ceilalţi care se codesc.*)

ION DINCĂ: Nu ştiu ce să zic tovarăşe secretar general. E o operaţiune riscantă.

E.C.: De ce riscantă. O să iasă tovarăşul şi o să le vorbească cum ştie el şi o să-i însufleţească, o să aibă toţi oamenii muncii de partea lui!

(Intră Hârjeu.)

HÂRJEU: Tovarăşe secretar general a venit însărcinatul cu afaceri al URSS.

N.C. (*lui Hârjeu*): Spune-i să aştepte puţin. Vin imediat. (*Către ceilalţi.*) Hai daţi-mi un sfat ce să facem mâine. (*Către Hârjeu.*) Chemă-l pe Barbu Petrescu. (*Ies Ceauşescu şi Mihai Hârjeu.*)

E.C.: Are dreptate tovarăşul ca întotdeauna. Să vină Barbu, doar e primarul capitalei!

GOGU RĂDULESCU: Poate nu ar trebui să ne pripim. De ce să adunăm atâta lume la un loc? Spiritele sunt înfierbântate.

MANEA MĂNESCU: Poate ar trebui să aşteptăm să vedem cum evoluează lucrurile.

E.C.: De ce să aşteptăm? Să batem fierul cât e cald tovarăşi!

(Urmează o tăcere grea.)

ION DINCĂ: Să-l aşteptăm şi pe Barbu Petrescu, să vedem ce spune şi el.

(O nouă tăcere. Din camera alăturată se aude glasul ridicat al lui Ceauşescu: Uniunea Sovietică a organizat totul! Liniştea din camera pare şi mai apăsătoare. Intră Ceauşescu trântind uşa.)

N.C. (*către toţi cei din cameră*): I-am spus-o drept în faţă! Ruşii au pus totul la cale. Împreună cu tovarăşii din tratatul de la Varşovia! Bineînţeles că şi americanii şi-au băgat coada! Iar ungurii jubilează! De când aşteaptă ei să pună din nou mâna pe Ardeal!

(Intră Barbu Petrescu.)

BARBU PETRESCU: Să trăiţi tovarăşe secretar general! Am auzit că m-aţi chemat.

N.C.: Da, Barbule, te-am chemat. Mâine organizăm un miting. Trebuie să adunăm 100.000 de oameni. Aici în faţa Ceceului. Am să le spun direct oamenilor ce se întâmplă la Timişoara!

BARBU PETRESCU: E cam din scurt!

N.C.: Să n-aud. Mâine la 12 să fie toţi adunaţi în piaţă. Eşti direct răspunzător! Suni la secretarii de sector, la directorii de întreprinderi. Vine toată lumea!

BARBU PETRESCU: Am înţeles tovarăşe secretar general!

N.C.: Gata! Treci la treabă!

BARBU PETRESCU: Da, tovarăşe secretar general. (*Iese.*)

N.C. (*e mai bine dispus*): Am făcut-o şi pe asta. (*Ceilalţi tac puţin stânjeniţi.*) Ei ce-i cu voi? Mâine punem lucrurile în ordine! Poate sunteţi obosiţi. Mergeţi acasă. (*Uşoară murmure de protest. Cineva exclamă „dvs. v-aţi întors azi de la Teheran". N.C. le face semn cu mâna să plece.*) Eu mai rămân puţin să semnez decretul şi să vorbesc la telefon cu Timişoara. (*Ies toţi cu excepţia Elenei Ceauşescu. Îl sună pe Hârjeu. Intră Hârjeu.*)

N.C.: Ai pregătit ciorna decretului?

HÂRJEU: Da, tovarăşe secretar general! (*Îi pune o hârtie pe masă. N.C. o citeşte cu atenţie. E.C. vine în spatele lui şi citeşte peste umărul lui.*)

N.C. (*citeşte cu glas tare*): Instituirea stării de necesitate pe întreg teritoriul judeţului Timiş. (*Face o pauză. Citeşte din nou cu glas tare.*) Toate unităţile armatei, Ministerului de interne şi formaţiunile Gărzilor Patriotice sunt puse în stare de alarmă. (*Se opreşte citeşte mai departe în gând. Citeşte din nou cu glas tare.*) Se interzice orice adunare publică. Se interzice circulaţia în grupuri mai mari de 3 persoane. (*Către Hârjeu.*) Pune 5 persoane. (*Reia cititul.*) Se interzice circulaţia pe timpul nopţii începând cu ora 22. (*Către Hârjeu.*) Mai bine 23.

E.C.: Nicule, ai uitat schimbul de noapte!

N.C.: Ai dreptate! Sunt exceptaţi muncitorii care lucrează în schimbul de noapte! (*Către Hârjeu.*) Redactează-l în formă definitivă şi adu-l la semnat. (*Hârjeu iese. Sună din nou.*) Cheamă-l pe Pârcălăbescu. După ce vine Pârcălăbescu să-mi faci legătura cu Timişoara, cu Dăscălescu sau cu Bobu. (*O apucă de mână pe E.C. care era în spatele lui.*) Am trecut noi şi prin vremuri mai grele. O să trecem şi peste asta!

E.C. (*îi îmbrăţişează umerii*): Da, Nicule.

(*Intră Pârcălăbescu.
E.C. se retrage brusc de lângă N.C.*)

PÂRCĂLĂBESCU (*se face că n-a văzut nimic*): Să trăiţi tovarăşe comandant suprem!

N.C.: Pârcălăbescule ai făcut ce ţi-am cerut?

PÂRCĂLĂBESCU: Da, tovarăşe comandant suprem! Am mobilizat gărzile din Gorj, Dolj şi Vâlcea. Le-am spus să aibă toţi la ei bâte zdravene de fag.

N.C.: Sunt 25.000?

PÂRCĂLĂBESCU: 25.000, dacă nu şi mai mulţi tovarăşe comandant suprem!

N.C.: Bine. Trimite-i imediat, chiar din noaptea asta. Să plece cu camioane militare!

PÂRCĂLĂBESCU: S-a-nţeles tovarăşe comandant suprem! (*Salută şi iese.*)

N.C. (*sună la Hârjeu*): E gata decretul? Adu-l încoace.

(*Intră Hârjeu şi îi pune decretul pe masă. N.C. aruncă o privire rapidă peste el şi-l semnează.*)

N.C. (*către Hârjeu care stă în picioare lângă birou*): Trimite-l urgent la televiziune şi la radiou. Şi la toate ziarele. Mâine dimineaţă să fie cunoscut de toată lumea! (*Hârjeu dă să iasă.*) Fă-mi legătura cu Timişoara! (*După scurt timp se aude soneria telefonului.*)

N.C.: Dăscălescule, tu eşti? Acum câteva minute am semnat decretarea stării de necesitate în judeţul Timiş! Armata o să facă ordine. Am trimis şi nişte detaşamente de gărzi patriotice, în ajutorul lor. Tu şi cu Bobu să vă întoarceţi la Bucureşti. Dă-mi-l pe Ion Coman! (*O scurtă pauză până la sosirea lui Coman.*) Comane, am decretat starea de necesitate în tot judeţul Timiş. Acum aveţi mâinile libere să faceţi ordine! Numeşte-l pe generalul Victor Stănculescu comandantul militar

al Timişoarei! Are mâna liberă. El îi coordonează pe
cei de la Interne şi gărzile patriotice! S-a înţeles? Bine
ne auzim mâine dimineaţă! Spor la treabă! (*Închide.*)
N.C.: Lenuţo, hai să mergem şi noi acasă! (*E.C. vine lângă
el şi se iau de mână. Sună la Hârjeu.*)
N.C. (*către Hârjeu*): Mergi şi tu acasă. Noi am plecat. Ne
vedem mâine dimineaţă!

(N.C. şi E.C. ies din scena ţinându-se de mână.)

Sfârşitul Actului I

ACTUL II

21-22 DECEMBRIE

SCENA 1

(Acelaşi decor ca la sfârşitul actului I. Intră N.C. şi E.C.)

N.C.: Să vedem dacă au venit Hârjeu şi Manea!

E.C. (*se aşează pe un fotoliu*): Să-l cheme pe Barbu.

N.C. (*Se duce în cabinet de unde îi sună pe secretarul personal şi pe şeful de cabinet. Uşa dintre cabinet şi anticamera e deschisă şi se aude vocea lui N.C.*): Hârjeu cheamă-l pe Barbu Petrescu. (*Sună la alta sonerie*): Manea dacă apar Bobu şi Dăscălescu să-i laşi să intre imediat la mine.

(Reintra în anticamera şi închide uşa după el. În continuare toată acţiunea scenei 1 se va petrece în anticameră.)

N.C. (*Către E.C.*): Până la 12 trebuie să fie piaţa plină. Cred c-o să iasă bine! Trebuie să apară Bobu şi Dăscălescu de la Timişoara, doar i-am chemat aseară.

(Intră Barbu Petrescu.)

BARBU PETRESCU: Să trăiţi tovarăşe secretar general!

N.C.: Ia zi Barbule, cum stăm?

BARBU PETRESCU: Am făcut mobilizare generală tovarăşe secretar general! O să fie piaţa plină!

E.C.: O să fie 100.000 de oameni? Tovarăşul nu vorbeşte decât în faţa unor mase largi de oameni ai muncii!

BARBU PETRESCU: Vor fi, tovarăşa Elena!

(Sună o sonerie pe biroul lui N.C., de fapt masa secretarului personal.)

N.C.: Da, Manea. Lasă-i să intre. *(Către Barbu Petrescu.)* Au venit Bobu şi Dăscălescu. Poţi să pleci, dar la 12 să fie totul pregătit cum trebuie. *(Iese. Intră Bobu şi Dăscălescu.)*

BOBU şi DĂSCĂLESCU *(în cor)*: Să trăiţi tovarăşe secretar general!

N.C.: Staţi jos. *(Cei doi se aşează.)* Hai spuneţi-mi ce s-a mai întâmplat la Timişoara!

DĂSCĂLESCU: Nu e de bine tovarăşe secretar general! S-a strâns lumea în Piaţa Operei şi nu mai pleacă de acolo.

N.C. *(nervos ţipă)*: Nu s-au mulţumit că i-am eliberat pe cei arestaţi! Am dat aseară decretul de declanşare a stării de necesitate. Armata să acţioneze.

DĂSCĂLESCU: Cred că le e frică tovarăşe secretar general! Sunt mii de oameni acolo. Pregătesc o proclamaţie.

N.C. *(şi mai nervos, nu spune nimic dar se învârte prin încăpere)*: Victoraş ce face? L-am numit comandant militar al Timişoarei!

BOBU: Tovarăşul general Stănculescu? Cred că e bolnav. (*Schimb de priviri cu Dăscălescu.*)

N.C.: Bolnav, nebolnav să-şi facă treaba! Milea e prea moale. Am să-l chem şi pe el la Bucureşti.

E.C.: Cât erai tu în Iran, le-am dat ordin să tragă la picioare. De ce nu l-au executat?

DĂSCĂLESCU: S-a tras destul, tovarăşa Elena! Gem spitalele de morţi şi răniţi! Nu mai pot fi intimidaţi! Nu mai pot fi speriaţi!

BOBU: Are dreptate Dăscălescu, tovarăşă.

N.C.: Şi ce-o să facem. Să stăm cu mâinile-n sân? Trebuia acţionat mai ferm. Nu v-aţi făcut treaba. (*Cei doi îşi pleacă capul.*) Acum trebuie să luăm măsuri să nu se întindă pecinginea şi la Bucureşti. (*Către cei doi.*) Ştiţi că am hotărât să organizăm un mare miting astăzi la orele 12, aici în piaţă?

(*Cei doi nu zic nimic, dar nu par prea încântaţi de idee.*)

N.C.: Hai, plecaţi acum! Să vă întoarceţi pe la 11. Am să ţin o cuvântare şi neapărat trebuie să fiţi de faţă.

CEI DOI ÎN COR: Să trăiţi tovarăşe secretar general! (*Ies.*)

E.C.: Nişte mototoli, nişte incapabili! Să vezi ce o să ţi-i pună la punct Victoraş pe golani!

N.C. (*apasă pe una din sonerii*): Manea cheamă-l pe ministrul muncii, Berghianu, pe Păţan care e acum la finanţe şi pe... Totu, că pe el l-am făcut acum vreo lună şef la planificare. Să vină repede.

E.C.: Ce vrei să faci, Nicule!

N.C.: Vreau să le mai dau câte ceva! Situaţia e încordată acum. Dacă o să fac câteva concesii o să se calmeze lucrurile! O să le fac o surpriză la sfârşitul cuvântării!

E.C.: Nicule, să nu faci concesii! Ăştia nu trebuie luaţi cu
binişorul! Trebuie să le dai gloanţe nu concesii! După
câte ai făcut tu pentru ei! După câte am făcut noi pentru
ei!

N.C.: Lenuţo, nu putem să-i omorâm pe toţi! Până una alta
trebuie să-i calmăm. Pe urma vedem noi ce facem! (*Sună
din nou pe una din sonerii.*) După ce pleacă miniştrii,
cheamă-l pe Barbu Petrescu! (*Sună pe alta sonerie.*)
Convoacă CPEx-ul pentru 11.30. Doar pe Manea, pe
Dincă, pe Gogu, pe Postelnicu. Cheamă-i şi pe Bobu şi
pe Dăscălescu. Au avut timp să se odihnească (*Sună o
sonerie. În difuzor se aude „sunt aici miniştrii".*) Spu-
ne-le să intre! (*Către Elena.*) Au venit miniştrii.

(Intră cei trei miniştri Berghianu, Păţan şi Totu.)

TOŢI TREI ÎN COR: Să trăiţi tovarăşe secretar general!

N.C.: Ştiţi că la orele 12 va avea un miting aici în piaţă?
(*Cei trei se uită întrebător unii la alţii.*) Dacă nu ştiaţi,
ştiţi acum. Vreau să mobilizez pe toată lumea, din
vreme, să nu se întâmple ca la Timişoara, să luăm ati-
tudine împotriva huliganilor şi a celor care îi instiga.
(*Cei trei dau din cap aprobator.*) Totodată m-am gân-
dit că ar trebui să luăm nişte măsuri economice, cu
care să îi liniştim pe oameni, să se gândească la sărbă-
tori şi nu la demonstraţii!

PĂŢAN: La ce vă gândiţi tovarăşe secretar general?

N.C.: Să le mărim la toţi retribuţiile cu 200 de lei. (*Se uită
întrebător spre cei trei. Niciunul din cei trei nu scoate
o vorbă.*) Să mărim şi pensiile cu 100 de lei! Să-i
ajutăm şi pe cei cu copii şi să mărim alocaţiile cu 30-40
de lei. Să înfiinţăm şi o indemnizaţie de naştere în

valoare de 1000-2000 de lei. Să nu-i uităm şi pe cei defavorizaţi şi să mărim ajutoarele sociale cu 300 de lei!

(Cei trei nu-şi pot recăpăta graiul.)

E.C.: E prea mult Nicule! Nu merita, nu vezi ce nerecunoscători sunt!

PĂŢAN: O să fie un efort financiar destul de mare.

N.C.: Găsiţi voi soluţii că de aia v-am adus aici!

PĂŢAN: La alocaţii 30 de lei e de ajuns! Cu indemnizaţia de naştere nu ştiu ce să zic. Frecvenţa naşterilor e destul de mare în ultimii ani. Să începem cu 1000 şi apoi să vedem dacă o putem creşte.

N.C.: Nimic nu-i bătut în cuie, dar cam astea să fie cifrele! O să ţin acum şi o şedinţă scurtă cu CPEx-ul, de fapt cu biroul permanent, să discutăm aceste măsuri şi poate mai schimbăm câte ceva, dar în linii mari astea sunt sarcinile! Berghianule, tu trebuie să vezi cum refaci toate grilele de salarizare! Şi să recalculezi pensiile!

BERGHIANU: Am înţeles tovarăşe secretar general! Până la Anul Nou le terminăm!

N.C.: Păţane, tu ai sarcina cea mai grea, să găseşti banii. Dacă mai strângem cureaua pe ici pe colo se găsesc. Nu-i aşa?

PĂŢAN: Se găsesc, tovarăşe secretar general!

N.C.: Tu, Totule, ai sarcina cea mai uşoară. Trebuie să le găseşti un loc în planul de anul viitor.

TOTU: Se face tovarăşe secretar general!

N.C: Spor la treabă! Sunteţi liberi.

(Cei trei ies.)

N.C. (*sună pe ambele sonerii*): Hârjeu, vezi dacă au venit membrii CPEx. Trimite-i în sala de consiliu. Manea, uită-te să vezi dacă se adună lumea în piaţă şi să vii să-mi raportezi!

N.C. (*e bine dispus*): Lenuţo, o să vezi că o să fie bine! O să treacă şi ziua de azi.

(Se apropie de ea şi o mângâie tandru pe spate.)
(Cade cortina.)

SCENA 2

(Acelaşi decor de la începutul actului I. Aproximativ aceeaşi dispunere pe scaune. N.C. şi E.C în centru pe scaune mai deosebite. Sunt prezenţi Ion Dincă, Gogu Rădulescu, Manea Mănescu, Constantin Dăscălescu, Emil Bobu, Tudor Postelnicu, Siviu Curticeanu.)

N.C. (*se ridică în picioare*): V-am adunat aici să vă aduc la cunoştinţa la ce m-am gândit să le spun oamenilor în cuvântare. M-am gândit şi la câteva măsuri economice care ar putea calma spiritele. (*Membrii CPEx se foiesc pe scaune. N.C. ridică privirea şi se uita la fiecare în parte.*) Dacă aveţi obiecţiuni să-mi spuneţi la sfârşit. Am să repet multe din cele spuse în cuvântările anterioare, dar am să insist pe apărarea integrităţii naţionale, a independenţei României socialiste şi pe mobilizarea oamenilor muncii cinstiţi, membri sau nemembri de partid, care să ia o atitudine fermă împotriva elementelor duşmănoase, care vor răul ţării. În fiecare întreprindere, în universități trebuie să se țină adunări unde să fie înfierate, condamnate acțiunile celor din Timișoara. În încheiere, ca să mai dreg busuiocul am să propun unele măsuri economice care să facă oamenilor muncii mai plăcute sărbătorile de anul ăsta. (*Citește.*) Să creștem retribuțiile cu 200 de lei, pensiile cu 100 de lei, alocațiile pentru copii cu 30 de lei, ajutoarele sociale cu 300 de lei și să înființăm o indemnizație de 1000 de lei pentru mamele care nasc întâia dată. Ei ce ziceți? (*Foiala printre membrii CPEx.*)

TUDOR POSTELNICU: V-ați gândit foarte bine tovarășe secretar general! O idee genială!

MANEA MĂNESCU: S-au avut în vedere toate implicațiile economice?

N.C. (*puțin iritat*): Am vorbit de aseară cu miniștrii de resort! (*Manea Mănescu tace puțin rușinat.*)

N.C.: Sunt obiecțiuni? (*Toată lumea tace.*)

N.C.: Dacă nu sunt obiecțiuni, să trecem la pregătirile finale pentru miting. (*Sună pe ambele sonerii.*) A venit Barbu Petrescu? (Vocea lui Hârjeu „E în anticameră, așteaptă să intre la dvs., tovarășe secretar general") Spune-i să intre. (*Către Manea.*) Care e situația în piață? (Vocea lui Manea „e aproape plină tovarășe secretar general".)

(Intră Barbu Petrescu.)

N.C.: Ei Barbule, cum stăm?

BARBU PETRESCU: Foarte bine tovarășe secretar general! Piața e plină. Am pregătit și doi oameni ai muncii, să vorbească înaintea dvs. să-i înfiereze pe cei de la Timișoara!

N.C.: Foarte bine, bravo Barbule! I-ai verificat?

BARBU PETRESCU: Bineînţeles tovarăşe secretar general. Sunt membri de partid, tovarăşi de nădejde!

N.C.: Bine, foarte bine. Atunci să-i dăm drumul! Haidem cu toţii în balcon!

(Camera se goleşte, toţi cei prezenţi ies unul după altul printr-o uşă care se presupune că duce în balconul CC. Pe ecran apar imagini cu balconul CC la mitingul din 21 decembrie 1989 şi imagini cu mulţimea din piaţă. Imagini fără sunet. Apare pe scena unul dintre antevorbitori.)

ANTEVORBITORUL: Dragi tovarăşi, oameni ai muncii din Bucureşti, noi oamenii muncii de la IMGB condamnam cu fermitate acţiunile reprobabile ale huliganilor de la Timişoara. Noi nu ne vom lăsa intimidaţi de astfel de acţiuni, vom continua să muncim pentru îndeplinirea sarcinilor celui de-al XIV-lea congres, conform indicaţiilor secretarului general al partidului tovarăşul, Nicolae Ceauşescu!

(În difuzoarele de pe scena se aud lozincile obişnuite „Vom munci şi vom lupta, ţara o vom apăra", „Stima noastră şi mândria Ceauşescu-Romania". Pe ecran se vede ca mulţimea e mută.

După ce se termină cu lozincile şi uralele, antevorbitorul spune: „Dau cuvântul tovarăşului Nicolae Ceauşescu secretarul general al Partidului Comunist Roman!"

Antevorbitorul pleacă. Scena rămâne goală. Pe ecran sunt imaginile de acum celebre cu Ceauşescu vorbind

*la mitingul din 21 decembrie. În difuzoarele din sală
se aude vocea lui Nicolae Ceauşescu: „Dragi tovarăşi
şi pretini! V-am adunat aici pentru a vă aduce la
cunoştinţă că voi lupta cu toată hotărârea împotriva
acţiunilor antiromâneşti, antisocialiste ale huliganilor
din Timişoara, sprijiniţi de agenturile de spionaj din
străinătate. Sunt hotărât să restabilesc ordinea în ţară
prin orice mijloace!*

*Se aude o explozie puternică, apoi un vuiet din ce în ce mai
tare, zgomot de rafale de puşca automată şi ţipete,
apoi huiduieli. Vocea lui Ceauşescu este din ce în ce
mai pierdută:* „Tovarăşi, tovarăşi, staţi liniştiţi la locu-
rile voastre! Am să măresc retribuţiile cu 200 de lei!"

*Vocea îi este acoperită de un vacarm de nedescris.
Pe ecran apar scenele respective din ziua de 21 decembrie.
Pe măsură ce Nicolae Ceauşescu se aude din ce în ce mai
slab, în sală năvălesc membrii CPEx.
În cele din urmă apare şi Nicolae Ceauşescu cu o
expresie de totală uluială pe faţă.
Se duce spre public pentru a i se vedea infinită uimire de
pe faţă. Rămâne nemişcat până se lasă complet cortina.)*

SCENA 3

*(Anticamera din scenele anterioare, dar apare vizibilă o
comunicare între anticameră şi alte trei camere unde se
vor instala punctele de comandă ale armatei, securităţii şi
comunicaţiilor. Tranzit de militari prin anticameră către cele
trei camere. Apar soldaţi care trag fire spre cele trei camere.
Alţii cară telefoane. Nicolae Ceauşescu şi Elena Ceauşescu nu*

şi-au revenit încă complet din uluială şi stau pe două fotolii.
Au trecut câteva ore de la momentul cuvântării.
Intră generalul Milea.)

MILEA: Tovarăşe comandant suprem! Am ordonat să vină blindatele! Să vă uitaţi pe geam să le vedeţi! Am împrăştiat demonstranţii! I-am alungat din piaţă. (*N.C. se ridică în picioare şi merge să se uite. Se înviorează puţin.*)

N.C.: Foarte bine. Ţineţi-i la distanţă! (*Se aşează din nou.*)

MILEA: Tovarăşe comandant suprem uitaţi aici în camera 120 (*arată*) o să fie punctul de comandă al armatei. Am legătură directă cu principalii comandanţi! Am şi hărţile pentru a urmări mişcarea trupelor. Trebuie să apară Postelnicu şi cu Vlad să-şi organizeze şi ei punctual de comandă în camera de alături!

N.C. (*îl sună pe Hârjeu*): I-ai convocat pe Postelnicu şi pe Vlad? (*Se aude vocea lui Hârjeu în difuzor:* „Trebuie să apară din clipa în clipă!" *N.C. se aşează din nou. Intră Postelnicu şi Vlad.*)

POSTELNICU ŞI VLAD ÎNTR-UN GLAS: Să trăiţi tovarăşe comandant suprem!

N.C.: Vedeţi, armata şi-a organizat deja punctul de comandă, voi ce aşteptaţi?

POSTELNICU: Am trimis şi noi oameni. (*Arata doi soldaţi cu însemnele ministerului de interne.*) Uitaţi sunt oamenii noştri! (*Vorbeşte ceva în şoaptă cu unul din soldaţi.*) Şi noi suntem gata în câteva minute! (*Iese din anticameră cu cei doi soldaţi în direcţia celor 3 camere, apoi se întoarce singur în anticameră. Arata în direcţia uneia dintre camere.*) Aici o să stăm eu şi cu Vlad să ţinem legătura cu comandanţii trupelor noastre.

N.C. (*pare mai liniştit şi mai înviorat*): Bine. Duceţi-vă să vedeţi ce mai e pe afară, daţi comenzile care se impun şi veniţi înapoi să-mi raportaţi! (*Milea, Postelnicu şi Vlad ies. Intră Andruţă Ceauşescu, fratele lui N.C. şi Lică Bărbulescu cumnatul lui. Elena Ceauşescu se ridică în picioare şi se îmbrăţişează cu cei doi.*)

E.C.: Ce mă bucur că aţi venit!

LICĂ BĂRBULESCU: Cum să nu venim? După câte s-au întâmplat!

ANDRUŢĂ: Staţi aici şi nu ştiţi ce se întâmplă pe afară!

E.C. (*uşor speriată*): Ce se întâmplă?

ANDRUŢĂ: E lume multă pe străzi şi se agită!

E.C. (*către N.C. cu reproş*): Nicule, nu ţi-am spus eu că nu e bine să organizăm adunarea asta! (*N.C. nu spune nimic şi tace îmbufnat.*)

LICĂ BĂRBULESCU: E puhoi de lume de la Intercontinental până la Romană!

N.C.: Şi armata ce face?

ANDRUŢĂ: Trec blindatele în viteză pe bulevard să-i sperie, dar nu pot să-i alunge pe toţi!

LICĂ BĂRBULESCU: E şi un cordon de scutieri care să-i ţină la distanţă de piaţă.

E.C.: Nicule, ţi-am spus eu că sunt toţi nişte incapabili!

N.C.: O să-i chem pe Milea, Vlad şi Postelnicu înapoi!

E.C.: Mai lasă-i puţin, poate reuşesc să împrăştie mulţimea! Cheamă-l mai bine pe Neagoe să stea aici să ne păzească.

ANDRUŢĂ: Îl iau şi pe Lică cu mine şi mergem pe afară să vedem ce se mai întâmpla. (*Cei doi ies din scenă.*)

N.C. (*apasă butonul unei sonerii*): Cheamă-l pe generalul Neagoe. (*Vocea lui Hârjeu în difuzor:* „E în apropiere tovarăşe secretar general. O să apară imediat.“)

(Un timp e linişte, cei doi N.C. şi E.C. stau pe fotolii şi nu spun nimic. Se aud nişte conversaţii din camerele alăturate dintre comandanţii din sediul CC şi cei din teren. Intră generalul Neagoe.)

NEAGOE: Să trăiţi tovarăşe comandant suprem!

E.C.: Neagoe, sarcina ta este să ne păzeşti şi tu umbli haihui!

NEAGOE: Nu m-am mişcat din sediul CC tovarăşa Elena Ceauşescu. Am inspectat toate căile de acces în clădire. Am pus pază peste tot să nu poată intra nimeni!

N.C.: Câţi oameni ai?

NEAGOE: Cincizeci.

E.C.: Nu-i puţin?

NEAGOE: Sunt toţi băieţi unul şi unul. I-am verificat personal. Fac cât o sută! Sunt bine pregătiţi şi bine înarmaţi.

N.C.: Au muniţie de război?

NEAGOE: Bineînţeles tovarăşe comandant suprem!

N.C.: Dacă aici totul e în regulă du-te şi vezi ce se întâmplă pe străzile din jur. Am auzit că e multă lume şi sunt agitatori care îi întărâtă. Vorbeşte cu Postelnicu să mai aresteze din ei!

NEAGOE: Da, tovarăşe comandant suprem. Voi acţiona aşa cum aţi ordonat! (*Iese.*)

N.C. (*apasă butonul unei sonerii*): Hârjeu, cheamă-i pe Milea, Postelnicu şi Vlad. Dacă nu-i găseşti pe căile normale vorbeşte cu cei de la punctele de comandă sau de la transmisiuni să îi găsească şi să-i cheme încoace.

(Intră Andruţă şi Lică Bărbulescu foarte agitaţi.)

E.C. (*se ridică în picioare la intrarea celor doi*): Ei ce mai e pe-afară?

ANDRUŢĂ: E mai rău!

BĂRBULESCU: Au început să ridice o baricadă în faţa la Inter!

N.C. (*se ridică în picioare*): Ce dracu' păzesc ăştia! Îi lăsă să-şi facă de cap!

E.C.: Din ce fac baricada?

ANDRUŢĂ: Pun tot ce găsesc. Mese, scaune de la restaurant, tomberoane, bănci, pietre din caldarâm...

BĂRBULESCU: Treaba merge repede!

ANDRUŢĂ: Deşi s-au blocat intrările în piaţă lumea începe să se adune din nou!

N.C. (*se duce la geam să se uite*): Nu sunt mulţi!

BĂRBULESCU: Armata şi cu securitatea nu reuşeşte să-i oprească. O să fie din ce în ce mai mulţi!

N.C. (*apasă butonul unei sonerii*): Unde sunt Milea, Postelnicu şi Vlad? (*Vocea lui Hârjeu* „Am luat legătura cu ei. O să apară dintr-o clipă în alta".) Cheamă-l şi pe Dincă!

(*Ceauşescu se învârte ca un leu în cuşcă. E.C. s-a aşezat din nou pe fotoliu. Bărbulescu şi Andruţă se foiesc şi nu ştiu ce să facă; să rămână sau să plece. Intră cei trei comandanţi militari, murdari, plini de praf.*)

N.C. (*Nu-i lasă să-şi spună salutul obişnuit şi începe să ţipe la ei*): Ce faceţi? 4-5 ore nu v-au fost de ajuns să-i împrăştiaţi?

E.C.: Aţi tras în ei? Măcar la picioare.

MILEA: Am tras focuri de avertisment în aer.

N.C.: E clar că nu-i suficient. Trageţi în plin. Am auzit că ridică o baricadă.

POSTELNICU: E o grămadă de lucruri de tot felul. Nu se poate numi baricadă.

N.C.: Văd că şi piaţa a început din nou a se umple. Milea ce-ai făcut?

MILEA: Paza intrărilor în piaţă era sarcina Ministerului de interne şi a securităţii.

POSTELNICU: Nu-i adevărat tovarăşe comandant suprem. Nu-i aşa Iuliane? (*Generalul Vlad dă aprobator din cap.*)

VLAD: Avem şi noi trupe acolo, dar nu putem face faţă fără ajutorul armatei. Sunt prea mulţi!

MILEA: Nu mai am de unde să mai scot alţi oameni! Frontul e de la Romana până la Inter!

N.C.: Mai adu trupe, dacă cei pe care îi ai nu-ţi ajung! Nu există nicio coordonare între voi! Am să preiau eu comanda!

(Intră Ion Dincă.)

DINCĂ: Să trăiţi tovarăşe secretar general!

(Bărbulescu şi cu Andruţă, au stat tot timpul discuţiilor într-un colţ şi nu au scos un cuvânt.)

BĂRBULESCU: Acum noi o să plecăm

E.C.: Să veniţi cu veşti noi! Veşti bune!

ANDRUŢĂ: Ne întoarcem cât de curând! (*Cei doi ies din scenă.*)

N.C. (*către Dincă*): Ce bine că ai venit! Ăştia dau vina unul pe altul! Nu e nicio coordonare între ei! Eu preiau comanda supremă, iar tu îi coordonezi! Vii şi-mi raportezi tot ce ai observat direct mie. (*Către cei trei comandanţi.*) Acum plecaţi şi să-i raportaţi tovarăşului Dincă cum evoluează situaţia.

MILEA: Tovarăşe comandant suprem la noapte curăţam tot locul! Facem praf şi baricada!

POSTELNICU: Îi gonim şi din piaţă!

N.C.: Bine, bine. Să vă văd!

(Cei trei ies salutând.)

N.C. (*către Dincă*): Îmi pun toate speranţele în tine să faci ordine!

DINCĂ: Am să fac tovarăşe secretar general!

E.C.: Nu degeaba îţi spun ăştia Ion Teleaga!

DINCĂ (*modest*): Exagerează tovarăşa Elena!

N.C.: Am să ţin o nouă teleconferinţă pe la şase cu toţi secretarii de judeţ. Să păstrăm ordinea în toată ţara până se liniştesc lucrurile aici la Bucureşti!

DINCĂ: Şi la Timişoara!

N.C. (*Nu răspunde nimic, pentru câteva secunde pare absent. Se gândeşte la ceva. Apasă butonul unei sonerii*): Hârjeu, sună-l pe Dan Deşliu. Spune-i să vină până aici. Vreau să-i vorbesc. (*Către Dincă.*) Vreau să-i spun să vorbească la televiziune. Să convingă oamenii că trebuie să învingem golanii. (*În difuzor se aude vocea lui Hârjeu: „Nu l-am găsit tovarăşe secretar general".*) Câţi bani am pompat şi în ăsta şi acum când am nevoie de el dispare. (*Apasă din nou butonul soneriei.*) Sună-l pe Adrian Păunescu. (*Către Dincă.*) Nu prea am fost în cele mai bune relaţii în ultima vreme, dar nu cred să fie atât de laş încât să dea şi el bir cu fugiţii. (*Vocea lui Hârjeu în difuzor:* „Nu răspunde nici el tovarăşe secretar general". *Ceauşescu este vizibil iritat. Către*

Hârjeu.) Să-l cauţi mai târziu. Acum mă duc la teleconferinţă. (*Către Dincă.*) Du-te în stradă şi stai cu ochii pe Milea şi Postelnicu, să-mi spui cum se descurcă. (*Dincă iese.*) (*Către E.C.*) Lenuţo, hai cu mine! (*Ies amândoi, el ţinând-o de după umeri. Cade cortina. Dintr-un difuzor se aude vocea lui N.C. la teleconferinţă.*)

VOCEA LUI N.C.: Avem de-a face cu o acţiune organizată şi dirijată, cu orientare precisă de destabilizare îndreptată împotriva integrităţii şi independenţei României. Din aceste motive am decretat mobilizarea generală a tuturor forţelor noastre de interne, miliţie-securitate, inclusiv a unităţilor militare, pentru lichidarea în cel mai scurt timp a acestor acţiuni conjugate împotriva integrităţii, independenţei României, a construcţiei socialismului în ţara noastră, a bunăstării poporului român. Din acest moment se instituie comanda unică, sub comanda mea în calitate de comandant suprem asupra întregii activităţi, care va fi asigurată de generalul Vasile Milea, Ministrul Apărării Naţionale, Tudor Postelnicu, Ministrul de Interne, Iulian Vlad, Ministru Secretar de stat la Ministerul de Interne, Şeful Departamentului Securităţii Statului şi Corneliu Pârcălăbescu, Şeful Statului Major al Gărzilor Patriotice. Ca Secretar al comandamentului unic este numit Silviu Curticeanu, şeful Cancelariei C.C. al PCR. Într-o jumătate de oră membrii comandamentului unic, trebuie să-mi prezinte un raport cu toate măsurile care s-au luat şi care se vor lua pentru a lichida rapid situaţia din Bucureşti.

SCENA 4

*(Se ridică cortina. Acelaşi decor din scena anterioară.
Intră N.C. şi E.C.)*

N.C.: Acum vor acţiona rapid şi până la miezul nopţii o să
    cureţe central de huligani!

E.C.: Nicule e bine că eşti optimist!

*(Se aude o sonerie. Vocea lui Mihai Hârjeu: „Tovarăşe
secretar general, tovarăşa Elena, au venit copiii!)*

E.C.: Ce bine! (*Intră Zoe şi Valentin. Pupături cu ambii
    părinţi.*) Aţi ajuns cu bine?

VALENTIN: Da, deşi pe străzi e agitaţie mare!

N.C.: La noapte n-o să rămână picior de demonstrant. O să
    cureţe armata şi piaţa şi străzile din jur!

ZOE: Sunt foarte înverşunaţi! Mulţi par gata să moară pe
    baricadă!

E.C.: Chiar o să moară!

N.C.: Hai mai bine să mâncăm ceva, să mai destindem
    puţin atmosfera.

E.C.: De când nu am mai avut noi o cină în familie? (*Ies
    toţi, cei doi părinţi ţinându-şi copiii de după umeri.*)

*(Scena rămâne goală pentru o scurtă perioadă de timp,
apoi năvălesc Postelnicu, Milea şi Vlad, în ţinută de
campanie, murdari şi plini de praf,
dar cel mai murdar e Milea.)*

MILEA: Unde e tovarăşul?

POSTELNICU: Să-l sunăm pe şeful de cabinet.

VLAD: Sau pe secretarul personal.
MILEA: Mai bine pe amândoi! (*Se duce la birou şi apasă pe sonerii.*) Hârjeu, Manea veniţi încoace!

(Apar cei doi, uimiţi de apariţia generalilor.)

MILEA: Unde e tovarăşul?
HÂRJEU: Ia masa cu Zoe şi Valentin.
VLAD (*printre dinţi*): Îi mai arde de mese!
POSTELNICU (*rânjind sinistru*): Te-am auzit, Iuliane!
MANEA: Credeţi că trebuie să-l deranjăm pe tovarăşul secretar general? (Intră N.C.)
N.C.: Am auzit zgomot în anticamera şi am venit.

(De afară se aud împuşcături. Cei trei se fâstâcesc.)

N.C.: Aveţi veşti bune? Ştiţi cum se spune. Mesagerii veştilor proaste sunt omorâţi! (*Rânjeşte.*)

(Apar E.C., Zoe şi Valentin.)

E.C.: A fost cam scurt, dar seara nu e bine să mănânci mult, pentru că nu dormi bine! Mai ales de la o anumită vârstă! (*Râde strâmb.*)
VALENTIN: Mama, tata, noi plecăm!
ZOE: Mă bucur că voi sunteţi bine şi înfruntaţi cu curaj evenimentele!
E.C.: Haideţi să vă pup! (*Cei doi se săruta cu E.C. Cei doi se duc şi spre N.C., acesta cu un aer foarte serios se lasă sărutat pe obraz. Cei doi dau să iasă.*)
N.C.: Manea ai grijă să plece cu maximă discreţie şi să fie însoţiţi pe drum până acasă!

MANEA: Am înțeles tovarășe secretar general! (*Iese și el împreună cu cei doi copii. Hârjeu iese și el discret din cameră.*)

N.C.: Ei, bine! Spuneți-mi ce se întâmplă? Afară e întuneric și nu mai pot vedea nimic pe geam! Atâta cât vedeam! (*Cei trei tac.*) Ați curățat străzile?

MILEA: Nu tovarășe comandant suprem!

N.C.: Ce păziți? Ați tras în ei cu muniție de război?

MILEA: Am tras tovarășe comandant suprem!

E.C.: Ați tras în plin?

POSTELNICU: În plin.

VLAD: Sunt morți și răniți. Pe străzi e plin de sânge!

E.C.: O să curețe ecarisajul la noapte!

N.C. (*țipa*): Și voi ce veniți acum la mine! La mine trebuia să veniți dacă vă terminați treaba! V-am spus să-i raportați lui Dincă! (*Sună la sonerie.*) Hârjeu, cheamă-l pe Dincă să vină imediat! (*Se învârte ca un leu în cușcă. Intră val-vârtej Andruță, Bărbulescu, Ilie Ceaușescu și Ilie Verdeț.*)

N.C.: Cu voi ce mai e pe-aici?!

E.C.: Eu le-am spus lui Lică și lui Andruță să vină pe-aici să ne informeze ce se mai întâmplă!

N.C.: Cu informările stăm bine, cu rezultatele mai prost!

ANDRUȚĂ: Sunt doi aici în față la Inter o fată și un băiat, care fac agitație mare!

E.C.: Să-i aresteze și să-i aducă aici!

BĂRBULESCU: Au refăcut baricada!

N.C. (*către Ilie Ceaușescu*): Ilie, tu ce-ai făcut? Așteptăm un ajutor mai serios de la tine. Să mai aduci ceva trupe, dacă Milea nu se descurcă!

ILIE: Am sunat la atașatul militar sovietic!

N.C.: Eşti nebun!

ILIE: L-am rugat să spună la Moscova să nu trimită trupe!
A promis că ruşii nu vor interveni.

N.C.: Cât poţi să te bazezi pe promisiunile ruşilor! Să nu
mai telefonezi la sovietici! Ai înţeles?

ILIE: Da, tovarăşe comandant suprem!

N.C.: Hai mergeţi cu toţi în stradă, rezolvaţi problema! Nu
vă întoarceţi până nu aţi făcut curăţenie. Care nu vor
să plece, arestaţi-i!

E.C.: Arestaţi-i pe toţi!

MILEA: Sunt vreo două mii!

*(Postelnicu şi Vlad îi fac semn să tacă.
Ies toţi, mai puţin Verdeţ.)*

N.C. (către Verdeţ): Cu tine Verdeţ, ce e pe-aici?

VERDEŢ: Aş vrea să vorbesc cu dumneavoastră.

N.C.: Dă-i drumul!

VERDEŢ: Dacă se poate între patru ochi!

E.C.: Tovarăşul nu se fereşte de mine!

N.C. (*se uită la E.C., se uită la Verdeţ şi îi face semn*): Hai
cu mine în cabinet!

*(E.C. e evident nemulţumită şi se foieşte prin anticameră.
După scurt timp Verdeţ iese din cabinet şi apoi din
anticameră fără să spună un cuvânt. Apoi iese şi N.C.)*

E.C.: Ce-a vrut?

N.C.: Mi-a spus să merg în piaţă să negociez cu demon-
stranţii, să cădem la înţelegere.

E.C.: Cum să te înţelegi cu huliganii?!

(N.C. Nu răspunde. Pare preocupat de altceva.)

N.C. (*sună*): Hârjeu, vino încoace şi adu-l şi pe Manea! (*Cei doi apar imediat.*)

N.C.: Manea, du-te şi tu în zona baricadei şi să vii să-mi raportezi ce-aţi făcut!

MANEA: Da, tovarăşe secretar general!

MANEA (*către Hârjeu*): Uite cheile de la adăpostul antiatomic. (*Îi înmânează nişte chei.*)

N.C. (*îl grăbeşte pe Manea*): Haide, pleacă mai repede! (*Îl împinge de la spate. Manea iese. Hârjeu iese.*)

N.C.: Pe mâinile cui a ajuns liniştea şi viaţa noastră!

E.C.: Viaţa noastră şi a copiilor noştri! Ai vreo veste de la Nicuşor, că am auzit că şi la Sibiu e vânzoleală mare!

N.C.: Se luptă şi el cu huliganii, dar e bine. Nu e în pericol. (*O clipă nu mai vorbeşte niciunul dintre ei.*) Am să mă duc să mă culc să dorm măcar câteva ore. (*Se aude zgomot la intrare. Apar Dincă, Postelnicu, Milea, Vlad, Manea Constantin, Hârjeu.*)

N.C.: Ce-i cu voi aşa de repede înapoi?

MILEA: S-a rezolvat tovarăşe comandant suprem!

N.C.: Cum aşa?

MILEA: I-am pus pe fugă!

N.C.: Mă, voi mă minţiţi!

POSTELNICU: Nu tovarăşe secre... comandant suprem!

VLAD: Pe cuvânt de onoare că am făcut curăţenie! Am şi arestat o grămadă de huligani! O să vină doi ofiţeri de la mine cu listele cu cei arestaţi!

N.C.: Dar pe băiatul şi fata aia i-aţi adus?

VLAD: I-am arestat, dar nu i-am adus aici pentru că erau beţi şi...

POSTELNICU: ...foarte murdari!

MILEA: Am pus blindatele să dărâme baricada! Apoi o să vină cei de la salubritate să cureţe locul!

N.C.: Bine că aţi venit şi cu ceva veşti bune! Puteţi pleca! Mâine la prima oră să fiţi aici! (*Generalii saluta şi ies. Manea şi Hârjeu rămân.*)

MANEA (*către Hârjeu*): Dă-mi cheile de la adăpostul atomic înapoi.

HÂRJEU (*i le înmânează*): Pe la trei am să ies puţin.

MANEA: Bine du-te. Poate am să ies şi eu ceva mai târziu să-mi iau nişte cafea. (*Către N.C.*) Tovarăşe secretar general, pot să mă duc să mă întind puţin, că sunt frânt?

N.C.: Du-te Manea. Du-te şi tu Hârjeu. (*Cei doi ies. Către E.C.*) Am să mă culc şi eu, ca să fiu în picioare la cinci dimineaţa.

E.C.: Eu am să mă întind aici pe o canapea. Oricum nu aş putea dormi!

(*N.C. iese. E.C. stă într-o rană pe o canapea. Treptat intensitatea luminii scade şi scena rămâne în semi-obscuritate. Următoarele câteva acţiuni se vor desfăşura în această lumină slabă, după care la venirea zorilor scena se va lumina din nou.*)
(*Un timp e linişte, după care apar doi ofiţeri de la interne. Intră temători, văd că e întuneric şi nu îndrăznesc să avanseze. E.C. se ridică de pe canapea.*)

E.C.: Ce-i cu voi?

UNUL DINTRE OFIŢERI: Ne-a trimis tovarăşul general Vlad Iulian să vă aducem listele astea. (*Îi înmânează E.C. nişte foi de hârtie într-o stare nu foarte bună.*)

CELĂLALT OFIŢER: Sunt listele cu cei arestaţi!

E.C. (*se uita în grabă pe liste*): Nişte derbedei! (*Către ofi-
ţeri.*) Puteţi pleca. (*Cei doi ofiţeri saluta şi ies. E.C.
pune listele pe birou şi se întinde înapoi pe canapea.*)

(*Un timp iar e linişte. Nu se aude niciun zgomot. Apare
Milea cu vestonul descheiat, obosit, murdar. Se uita prin
camera să găsească pe cineva, o vede pe E.C., care între
timp a adormit. Se mai învârte puţin şi da să iasă.
Atunci apare Hârjeu.*)

MILEA (*în şoaptă*): Unde e tovarăşu'?

HÂRJEU: Doarme. Ar fi bine să nu-l treziţi. Numai dacă
nu e foarte important sau foarte urgent.

MILEA: E şi foarte urgent şi foarte important, dar nu am
să-l trezesc. (*Îşi trage sufletul.*) Băiete să fii fericit că
nu ai văzut ceea ce am văzut eu! Mâine dimineaţă o
luăm de la capăt! (*Face un gest a lehamite cu mâna,
vrea să spună ceva, dar se răzgândeşte şi iese.*)

(*Hârjeu se uita de jur împrejur, vede că e linişte şi iese şi
el. Apare Iulian Vlad se uită şi el să vadă cine e treaz. Se
uită pe birou, vede listele şi dă să iasă. Reintra Milea.*)

MILEA: Nu mai pot, nu mai rezist. (*Izbucneşte în plâns.*)
Sănătatea mea, nu ştiu dacă îmi va permite... (*Pauză.*)
Să le transmiteţi fetelor mele, soţiei... (*Vlad încearcă
să-l calmeze*) ...că am făcut tot ce am putut. Nu mă
aşteptam să se întâmple aşa ceva.

VLAD (*se uită spre E.C. să vadă dacă doarme adânc*):
Tovarăşe general, veniţi puţin.

(Îi face semn să meargă împreună în direcţia punctului de comandă al armatei. Reflectoarele se îndreaptă numai spre cei doi.)

VLAD *(în şoaptă)*: Tovarăşe general puterea este în mâinile noastre! Dumneavoastră afară, eu în interior... Ce ziceţi? *(Se uită întrebător la Milea.)* Putem să-l arestăm pe Ceauşescu!

MILEA *(puţin surprins)*: Dragă, nu mă simt în stare! *(Îl ia pe Vlad pe după umeri.)* Hai mai bine să mergem până nu se trezeşte tovarăşa'.

(Cei doi ies din scenă. O scurtă pauză, apoi scena începe să se lumineze treptat. E.C. se trezeşte se uită în jur. Vede că se luminează. Se ridică în picioare şi se întinde ca orice om sculat din somn. Intră Hârjeu în fugă cu un termos cu cafea în mână.)

HÂRJEU *(puţin încurcat)*: Am fost acasă să-mi iau nişte cafea!

E.C. *(nu e atentă la ce-a spus Hârjeu)*: Bine, bine.

(Hârjeu se strecoară afară. Intră bulucindu-se Dincă, Bobu, Dăscălescu, Manea Mănescu, Postelnicu.)

TOŢI ÎN COR: Bună dimineaţa, tovarăşa Elena!

E.C.: Cei cu voi aşa de dimineaţă?

DINCĂ: Se adună oamenii din nou!

E.C.: Care oameni?

DINCĂ: Muncitorii din întreprinderi şi uzine!

E.C.: Şi ăştia ce mai au cu noi?

MANEA MĂNESCU: Tovarăşul doarme?

E.C. (*nu a auzit*): Să nu-i lase să vină spre piaţă!

(Apare N.C. dintr-o cameră alăturată, în halat, buimăcit de somn. Se uită năuc la ceilalţi.)

N.C.: Ce-i, ce s-a întâmplat?

DINCĂ: Vin din nou spre piaţă, spre centru. Mulţi din cei care au fost aseară, dar şi alţii din fabrici şi uzine. S-au unit schimburile 3 şi 4 şi vin toţi încoace.

N.C.: Şi voi ce-aţi păzit? Tu Dincă şi tu Postelnicule? Să nu-i lase să vină spre noi! Chemaţi-i pe Milea şi pe Vlad! Imediat! Mă duc să mă îmbrac. (*Iese.*)

E.C. (*apasă butonul unei sonerii*): Hârjeu, cheamă-i pe Milea şi pe Vlad! Să vină imediat!

(Un moment de tăcere. Toţi cei din cameră se uita unii la alţii fără să spună ceva. E.C. sparge tăcerea.)

E.C.: Să nu-i lase să vină, să închidă porţile. Să le sudeze dacă e nevoie!

(Revine N.C. îmbrăcat în costumul obişnuit de culoare închisă.)

N.C.: Încă n-au venit?

E.C.: Trebuie să apară dintr-o clipă în alta!

(Intră Milea vizibil afectat, murdar din cap până în picioare şi Vlad mult mai calm şi mai curat.)

N.C.: Bine că aţi venit. Luaţi loc pe unde puteţi! (*Se aşează toţi pe fotolii, pe canapele.*)

N.C.: Spuneţi-mi ce se întâmplă? De ce vin toţi oamenii ăştia încoace? (*Tăcere mormântală.*)

N.C.: Ce-aţi amuţit cu toţii? Milea spune-mi cum stăm?

MILEA: Tovarăşe comandant suprem, am făcut tot ce am putut. Noaptea am curăţat tot centrul de manifestanţi, am dărâmat baricada. Am chemat şi salubritatea să cureţe locul.

Dar acum dimineaţa, am informaţii că vin alţii, mai mulţi ca ieri.

N.C.: Şi ce-ai făcut ca să-i împiedici?

MILEA: Aaa, (*are privirea rătăcită*) tovarăşe comandant suprem, (*se bâlbâie*) am avea nevoie...

N.C.: Marş, şi adu trupele! Cât mai multe să-i împiedice să intre în piaţă! (*Milea iese.*)

N.C.: Vlad tu cum stai?

VLAD: Totul e în ordine tovarăşe comandant suprem! Intrările sunt blocate. Pe culuare şi la fiecare etaj sunt militari din trupele de securitate înarmaţi. Generalul Neagoe e şi el aici, urmărind ca totul să fie perfect, fără fisură!

N.C.: Bine Vlad. Eşti liber să pleci să te duci să supraveghezi în continuare paza sediului!

VLAD: Am înţeles să trăiţi, tovarăşe comandant suprem! (*Iese.*)

E.C.: Asta e contrarevoluţie! (*Pauză. Se agită.*) Trebuie să dea cu gaze lacrimogene să-i disperseze!

N.C. (*sună la o sonerie*): Hârjeu, cheamă-l pe Curticeanu. (*După puţin timp intră Hârjeu.*)

HÂRJEU: Tovarăşe secretar general, nu mă simt prea bine! Nu am mâncat şi am băut multă cafea. Aş cere permisiunea să ies puţin să caut nişte medicamente.

N.C.: Pe Curticeanu l-ai chemat?

HÂRJEU: Da, tovarăşe secretar general!

N.C.: Bine du-te, dar să te întorci repede!

HÂRJEU: Da, să trăiţi! (*Iese. Intră Silviu Curticeanu.*)

CURTICEANU: Să trăiţi tovarăşe secretar general!

N.C.: Curticene, eşti la curent cu ce se întâmplă?

CURTICEANU: Da, tovarăşe secretar general! Eu de la început le-am spus să tragă în plin!

N.C.: Nu asta-i problema acum, Curticene! Trebuie să-i oprim pe muncitori să vină în piaţă! Trebuie să trimitem oameni de încredere, membri de partid responsabili să le spună..., să-i convingă să nu mai vină, că totul se va rezolva! Poţi să faci asta Curticene?

CURTICEANU: Plec chiar acum tovarăşe secretar general! O să-i sun pe toţi secretarii de partid de la întreprinderi, sun la sectoarele de partid să trimită nişte activişti de încredere să-i oprească pe oameni!

N.C.: Foarte bine Curticene!

(*Curticeanu iese. N.C. pare ceva mai liniştit. Ceilalţi membri ai biroului permanent sunt tot mai agitaţi. Intră Pârcălăbescu, galben la faţă, face câţiva paşi şi se opreşte, dar nu spune nimic.*)

N.C.: Bine că ai venit, Pârcălăbescule! Chiar voiam să te chem, să te întreb ce aţi făcut voi cu gărzile patriotice, că nu prea v-am văzut în acţiune?

PÂRCĂLĂBESCU: Tovarăşe comandant suprem... (*Nu mai poate vorbi.*)

N.C.: Hai vorbeşte, spune... S-a întâmplat ceva deosebit?

PÂRCĂLĂBESCU (*scuipa propoziţia*): Tovarăşe comandant suprem, Generalul Milea s-a sinucis!

N.C.: Ceee...? De unde ştii? Cine ţi-a spus? (*Toţi cei pre-zenţi scot diverse exclamaţii de uimire şi îşi exprima neîncrederea.*)

PÂRCĂLĂBESCU: S-a sinucis la mine în birou! E încă acolo la etajul şase!

N.C.: Trădătorul! A trădat cauza! A murit ca un laş!

N.C. (*apasă pe sonerie*): Hârjeu. (*Niciun răspuns.*) Hârjeu... (*Apăsă o altă sonerie.*) Manea vino încoace! Unde e Hârjeu?

MANEA: A spus că se simte rău şi a ieşit să caute nişte medicamente.

N.C. (*nu dă prea mare atenţie celor spuse de Manea*): Manea, generalul Milea s-a sinucis! (*Uimire totală pe faţa lui Manea.*) A murit ca un laş şi un trădător! Cada-vrul se află la etajul şase. Ocupă-te să vină nişte soldaţi să-l ia şi să-l îngroape cât mai discret la cimitirul mi-litar. Fără onoruri! În cel mai adânc anonimat! Aşa cum merită un trădător!

N.C. (*apasă din nou soneria*): Hârjeu... (*Niciun răspuns.*) Pe unde o umbla şi ăsta? Chemaţi-l unu pe Ilie. L-am căutat mai devreme şi nu am dat de el.

DINCĂ: Mă duc eu tovarăşe comandant suprem la centrul de comandă, să vorbesc cu ei să-l cheme pe generalul Ilie Ceauşescu.

Se duce în camera alăturată. Uşa fiind deschisă se aude vocea lui Ion Dincă care le spune celor de acolo să-l caute pe Ilie Ceauşescu. Apoi Dincă reintră în camera principală unde toţi stau în picioare şi vorbesc în şoaptă unul cu altul!

DINCĂ (*vrea să spună ceva, dar se aude o sonerie de te-lefon*): Cred că e generalul Ilie Ceauşescu, tovarăşe comandant suprem!

N.C. (*ridică receptorul*): Ilie, unde eşti? (*Probabil Ilie îi răspunde.*) Vino repede încoace! Cum de ce. Trebuie să preiei comanda armatei! (*Pauză, în care Ilie răspunde, dar ceilalţi nu înţeleg.*) Cum nu e treaba ta? Da care-i treaba ta? Să vorbeşti cu ruşii? (*Trânteşte telefonul. Se învârte nervos prin cameră. Se apropie din nou de sonerie, suna.*) Hârjeu... (*Niciun răspuns. Sună din nou.*) Manea, caută-l pe generalul Stănculescu. (*Către cei din încăpere.*) A dispărut şi Hârjeu. Alt tră-dător! (*Sună din nou.*) Manea, ai dat de Stănculescu? Ce, spune că-i bolnav? Are un picior în ghips? Cu picioarele rupte să vină şi să vină în cinci minute! Să nu se joace, că-l aduc arestat! (*Se învârte prin cameră nervos.*) Parcă au înnebunit cu toţii! (*Sună din nou.*) Manea eşti acolo? Bine. Era să uit. Ia legătura cu Mitea, cel de la relaţiile cu Presa, Televiziunea şi Radioul. Vorbeşte cu el... Pregătiţi împreună un comunicat, care să-l dea imediat pe post. „Trădătorul Milea s-a sinucis ca un laş! A trădat cauza socialismului, şi-a trădat poporul!" Să mi-l aduci şi mie să-l văd şi eu! Apoi să-l dea imediat pe post! Şi la radio şi la televizor!

N.C. (*se uită atent, pe rând, la toţi membrii biroului per-manent*): Voi sunteţi hotărâţi să luptaţi?

POSTELNICU: Sunt hotărât să lupt până la urmă, tova-răşe secretar general!

MANEA MĂNESCU: Acesta a fost idealul nostru! Voi lupta până la ultima picătură, tovarăşe secretar general!

TOŢI CEILALŢI (*mai mult sau mai puţin convinşi*): Luptăm, tovarăşe secretar general!

(Intră generalul Stănculescu târâind un picior bandajat. Salută milităreşte.)

N.C. (*se uita scrutător la el*): Ce-ai păţit?

STĂNCULESCU: Mi-am rupt piciorul tovarăşe comandant suprem!

N.C.: Nu-mi pasă, trebuie să te descurci şi aşa. Milea s-a sinucis şi tu preiei comanda armatei!

STĂNCULESCU (*mormăie ceva*).

N.C.: Nu accept refuz! Cheamă-i şi pe cei doi generali! Comandantul Armatei a-1-a...

STĂNCULESCU: Generalul Eftimescu!

N.C.: Şi pe generalul Voinea! Du-te la punctul de comandă şi spune-le să-i cheme! (*Stănculescu iese şi se duce spre cealaltă cameră.*)

N.C. (*către membrii biroului permanent*): Ieşiţi şi voi puţin să vedeţi ce se mai întâmpla! (*Ies toţi mai puţin E.C. Intră generalul Stănculescu.*)

N.C. (*se uita pe geam, îngrijorat*): Se adună în piaţă. Pentru nimic în lume să nu-i laşi să pătrundă în piaţă!

(Intră cei doi generali.)

N.C.: V-am chemat şi pe voi să ştiţi că tovarăşul general Victor Stănculescu este noul Ministru al Apărării şi va trebui să ascultaţi de ordinele lui! Prima sarcină şi cea mai importantă este să blocaţi intrarea în piaţă!

STĂNCULESCU: Am înţeles tovarăşe comandant suprem! (*Cei trei ies.*)

E.C.: N-o să ne lase Victoraş la greu!

N.C. (*n-o ascultă şi se duce la geam*): Sunt tot mai mulţi!

(Intră val-vârtej Dăscălescu, Bobu şi Manea Mănescu.)

DĂSCĂLESCU: Se umple piaţa tovarăşe secretar general!

N.C. (*se întoarce de la geam*): Unde sunt generalii? (*Sună.*) Manea cheamă-i pe generali! (*Peste puţin timp intră doar Eftimescu.*)

EFTIMESCU: Să trăiţi tovarăşe comandant suprem!

N.C.: Unde sunt ceilalţi?

EFTIMESCU: Sunt în dispozitiv tovarăşe comandant suprem!

*(Toţi cei prezenţi sunt vizibil panicaţi.
Intră generalul Stănculescu.)*

STĂNCULESCU: Tovarăşe comandant suprem, trupele nu mai pot pătrunde în piaţă. Sunt oprite la baraje. Vă propun să chem două helicoptere şi să părăsiţi clădirea. Avem în ţara trei centre de comandă de unde puteţi prelua comanda operaţiunilor. Dau dispoziţie să fie pregătite pentru dumneavoastră...

N.C.: Eu sunt comandantul suprem al Forţelor Armate şi punctul meu de comandă este aici! Nu plec nicăieri!

(E.C., Dăscălescu, Manea Mănescu şi Bobu sunt la geam şi urmăresc cu îngrijorare ce se întâmplă în piaţă. Intră generalul Neagoe. Stănculescu se apropie de el. Îi face semn că are să-i spună ceva.)

DĂSCĂLESCU (*foarte îngrijorat*): Tovarăşe secretar general trebuie să le vorbiţi. Numai dumneavoastră îi puteţi linişti! Luaţi o portavoce!

N.C. (*sună*): Manea adu-mi o portavoce!

(*Peste puţin timp apare Manea cu o portavoce.*)

N.C.: Dă-mi-o încoace!

(*O înşfăcă şi le face semn celorlalţi să vină cu el în balcon. Bobu, Manea Mănescu şi Dăscălescu ies cu N.C. în balcon. E.C. îi urmăreşte de pe geam. De afară se aud huiduieli. Se aude lozinca: „Jos Ceauşescu!“*)

STĂNCULESCU (*în şoaptă lui Neagoe*): Ai grijă să se urce în helicopter! Vorbeşte cu Vlad să dea ordin trupelor de la interne să nu tragă! (*Către Eftimescu.*) Nici voi nu trageţi! Aşteptaţi ordinele mele! Ascultaţi numai de mine! S-a înţeles?

EFTIMESCU: Înţeles, tovarăşe Ministru. (*Iese.*)

(*Cei patru intră în încăpere vizibil speriaţi. Se aud huiduielile din ce în ce mai tare.*)

N.C.: Au aruncat cu pietre!

(*O piatră sparge un geam.*)

E.C. (*foarte speriată*): Hai, Nicule, hai!

(*Generalul Stănculescu şi cu generalul Neagoe îi conduc pe cei cinci către ieşire.*)

STĂNCULESCU: Să mergem la lift. Helicopterul vă aş-
    teaptă pe terasă!
E.C. (*ieşind*): Victoraş, să ai grijă de copilaşi!

*(Scena rămâne goală. Pe ecranul din spate apar imagini
cu piaţa CC-ului în ziua de 22.12.1989 orele 12, plină
cu demonstranţi. Apoi imaginile, de acum celebre, cu
Ceauşeştii părăsind sediul CC cu helicopterul. Cade
cortina ecranului.*
Cade cortina scenei)

Sfârşitul Actului II

ACTUL III

FUGA ŞI ARESTUL

SCENA 1

(Interiorul helicopterului cu care a fugit N.C. Helicopterul apare ca şi cum ar fi în secţiune. Scaunele ar fi trebuit să fie paralele cu scena, deci publicul ar fi trebuit să-i vadă din lateral pe protagonişti, din această cauză ele vor fi dispuse cam la 45 de grade. La ridicarea cortinei, cabina e goală sunt doar pilotul, copilotul şi mecanicul. Apoi apar N.C., E.C, Emil Bobu, Manea Mănescu şi cei doi aghiotanţi. Ei intră şi îşi ocupă locurile ca venind prin partea deschisă, dinspre public. N.C. şi E.C. se mişcă greu. Sunt vizibil afectaţi de cele întâmplate şi sunt ajutaţi să se urce şi să se aşeze de către cei doi aghiotanţi. Cei şase îşi ocupă locurile conform celor descrise în continuare cu oarecare sforţări. Spaţiul este mic şi cei şase stau cam înghesuiţi. Pilotul Vasile Maluţan se află pe locul dinspre public. Are în faţă ceva care sugerează o manşă. În spatele lui e copilotul, iar puţin mai în spate pe un scaun mai mic, cu faţa spre public, e mecanicul. Toţi trei au căşti pe urechi. Pe cele două locuri din spate stau N.C. şi E.C. N.C. este pe scaunul mai apropiat de public. Pe ultimul rând sunt 4 scaune. Pe ele se vor aşeza Emil Bobu şi Manea

*Mănescu, încadraţi de cei doi aghiotanţi, ofiţeri de securitate,
cpt. Marian Rusu şi mr. Florian Raţ, primul aghiotant al
E.C. celălalt al lui N.C. Fiecare este în spatele celui pe care
teoretic trebuie să-l apere. Pe fundal este un decor care trebuie
să sugereze carcasa helicopterului şi geamurile acestuia.
Tot timpul va exista un zgomot de fond făcut de motorul
helicopterului. Maluţan spune unuia din aghiotanţi să tragă
uşa. Acesta face un gest ca şi cum ar trage o uşă. Se aude un
zgomot către sugerează acelaşi lucru. Zgomotul motorului
se înteţeşte sugerând că helicopterul a pornit. Toţi pasagerii
încearcă să se uite pe geamuri. Sunt înspăimântaţi de ceea ce
văd. Scot exclamaţii, se arată îngrijoraţi.)*

MALUŢAN: Încotro mergem tovarăşe comandant suprem?

*(N.C se apleacă la urechea E.C.
şi şuşotesc câteva secunde.)*

N.C.: La palatul de la Snagov!

*(Pe ecranul din spate sunt proiectate imagini cu palatul
prezidenţial de la Snagov. Se sugerează că helicopterul
aterizează.)*

MALUŢAN: Am ajuns!

*(Cei şase se dau jos şi ies din scenă. Helicopterul rămâne
gol câteva minute, apoi apar Maluţan, copilotul şi
mecanicul şi îşi reiau locurile. Se aude din nou zgomotul
motorului helicopterului. Maluţan îşi pune căştile şi
vorbeşte cu un superior.)*

MALUŢAN: Tovarăşe general, mi-a cerut să-i aducem
două helicoptere mari cu militari înarmaţi, ca escortă.

SE AUDE ÎN DIFUZOR VOCEA GENERALULUI RUS:
Raportează-i comandantului flotilei de la Snagov ce
mi-ai raportat şi mie.

MALUŢAN (*ia legătura cu colonelul Tenie, comandantul
flotilei de la Snagov*): Tovarăşe colonel, tovarăşul Ni-
colae Ceauşescu a solicitat să-i trimiteţi două
helicoptere mari cu trupe.

VOCEA COLONELULUI TENIE SE AUDE ÎN DIFUZOR:
Nu se mai ridică niciun helicopter de la sol. Orientea-
ză-te!

MALUŢAN: Am înţeles tovarăşe colonel!

*(Apar cei şase cu N.C. în frunte. Vor sta un timp de vorbă
în faţa scaunelor, fără să se suie în helicopter.)*

N.C. (*către Maluţan*): Ai vorbit cu generalul Rus?

MALUŢAN: Da, tovarăşe comandant suprem! Vor trimite
cele două helicoptere!

N.C.: Bine, bine. (*Către ceilalţi.*) Am vorbit în ţară cu se-
cretarii de judeţ! Toţi mi-au spus că e linişte. Numai
Traian Ştefănescu mi-a dat de înţeles că în Bucureşti,
huliganii au preluat controlul CC-ului şi al pieţii! Se
pare că au pus mâna şi pe televiziune!

E.C. (*către N.C.*): Vorbeşte mai încet să nu te audă echi-
pajul!

N.C.: Am vorbit şi cu Ilie!

E.C.: Şi ce-a spus?

N.C.: Era cu ataşatul militar sovietic. Cică i-a zis să nu se
amestece. Parcă asta e problema noastră acum! Un
tâmpit! Trebuie să plecăm la Piteşti să organizăm re-
zistenţa.

E.C.: La Piteşti, acolo suntem ca acasă!

*(Dau să se urce toţi în helicopter, dar Maluţan face semn
cu mâna să nu se urce.)*

MALUŢAN: Suntem prea mulţi! Mi-e frică să nu avem
problem la decolare!

N.C.: Manea şi tu Bobule rămâneţi aici şi veniţi pe urmă
cu vreo maşină!

BOBU (*îi dă o mapă neagră cpt. Rusu*): Să ai grijă de ea
ca de ochii din cap. E a tovarăşei!

MANEA MĂNESCU: Ne descurcăm noi tovarăşe secretar
general! Să ne trăiţi! (*Se apropie de N.C. îi ia mâinile
şi i le sărută.*)

*(N.C., surprins, îşi trage mâinile, apoi se suie în
helicopter. Toţi ceilalţi îşi reiau locurile avute anterior,
fiecare pe scaunul lui. Căpitanul Rusu are mapa neagră
sub braţ. Manea Mănescu şi Emil Bobu rămân jos.)*

N.C.: Rămâneţi cu bine!

MANEA ŞI BOBU (*într-un glas*): Să trăiţi tovarăşe se-
cretar general!

*(Cei doi se apleacă ca şi cum s-ar feri de elicea
helicopterului şi ies din scenă.)*

N.C. (*îl trage pe pilot de mânecă*): Maluţane, tu serveşti
cauza?

MALUŢAN (*nu înţelege*): Care cauză?

N.C. (*renunţă să-l lămurească*): Mergem la Boteni!

*(Un timp nimeni nu mai scoate nicio vorbă. Se aude doar
motorul helicopterului.)*

N.C.: Maluţane, ce se aude cu helicopterele?

MALUŢAN: Au promis că le trimit. O să iau din nou legătura cu ei. (*Vorbeşte în microfonul căştilor.*) Tovarăşe colonel ce se aude cu cele două helicoptere pentru tovarăşul comandant suprem? (*Se aude un mormăit de neînţeles în căştile pilotului.*)

MALUŢAN: Le pregătesc acum. Pregătesc şi militarii. O să apară cât de curând!

N.C. (*se uita pe geam*): Ce faci, mergi spre Otopeni?

MALUŢAN: Mă gândeam că poate ar fi bine să aterizăm în incinta unităţii!

N.C.: Nu! Ia-o spre Piteşti!

(*Un timp iar nu mai scoate nimeni niciun cuvânt şi se aude zgomotul motorului.*)

MALUŢAN (*în şoaptă către mecanic*): Am trecut pe frecvenţa civilă.

(*Cpt. Rusu îi ia căştile mecanicului şi ascultă.*)

N.C. (*către Maluţan*): Nu asculta! Să nu-i crezi! Sunt numai minciuni!

Cpt. RUSU (*către Maluţan, care a făcut o manevră bruscă*): Nea Vasile, nu e bine ce faci! E încă preşedintele României!

MALUŢAN: Bine, bine. Dar voi ăştia măcar aveţi un plan?

Cpt. RUSU: Vezi-ţi de treaba matale!

(*O vreme e iar linişte. Apoi lui Maluţan îi vine o idee.*)

MALUŢAN (*pare speriat*): Am fost reperaţi de radar! Pot
să tragă în noi!

N.C.: Coboară imediat!

MALUŢAN: La unitate, la Boteni?

N.C.: Nu, lângă şosea!

(Maluţan face nişte manevre şi aterizează. Cei 4 coboară
din helicopter. Apoi şi echipajul.)

N.C. (*către Maluţan*): Tu chiar nu serveşti cauza?

MALUŢAN: Care cauza? Nu cred că am avut o cauză co-
mună!

N.C. (*dă din mâna a lehamite*): Şi acum ce faci?

MALUŢAN: Mă întorc la unitate. (*Dă mâna cu N.C.*) Mult
noroc tovarăşe preşedinte!

E.C. (*către Maluţan*): Şi pe noi cui ne laşi?

MALUŢAN: N-avem ce face! Dacă trag în noi ne fac ţăn-
dări!

N.C.: Vezi să nu spui nimic despre noi. Unde suntem şi ce
facem!

(Maluţan dă din cap afirmativ şi se suie în helicopter
împreună cu echipajul.
Maluţan turează puternic motoarele. Helicopterul iese
din scenă.
Grupul de patru se afla acum pe marginea şoselei.
Se vede clar delimitarea acesteia şi o dublă săgeata
albastră. Pe cea din stânga scrie 58 Bucureşti,
iar pe cea din dreapta, Găieşti 15.)

E.C.: (*către N.C.*) Acum ce facem? Stăm la o ocazie?

N.C. (*îngândurat, nu-i răspunde*).

(Căpitanul Rusu se agită, că şi cum ar căuta o maşină.
Are mapa neagră sub braţ. Maiorul Raţ stă lângă cei
doi.
Apare un grup de muncitori, care se uită ameninţător
spre cei doi. La un moment dat chiar se apropie, dar
maiorul Raţ se uita urât la ei şi îşi dezveleşte arma de la
brâu. Muncitorii dispar în grabă. Apare o Dacie roşie,
pe cealaltă parte a drumului, care opreşte în dreptul
grupului de trei. Un bărbat coboară din maşină. N.C. şi
E.C. traversează şoseaua şi se apropie de el. Bărbatul
este doctorul Nicolae Decă.)

DECĂ: Sunt doctorul Nicolae Decă. Sunt rudă cu blănarul
    dvs. Cu Săndulescu.

N.C.: Ai auzit ce s-a întâmplat?

DECĂ (*nu ştie ce să spună*).

N.C.: A avut loc o lovitură de stat. Vreau să ajung la Târ-
    govişte, unde am să organizez rezistenţa!

DECĂ: Vă dau cheia de la maşină.

N.C.: Conduci dumneata. E maşina dumitale!

(Cei trei se urcă în maşină. N.C. lângă şofer, E.C. pe
bancheta din spate. Maiorul Raţ vine şi el în fugă şi
se suie pe locul din spatele lui N.C. Apare în fugă şi
căpitanul Rusu, cu mapa sub braţ. Se apleacă şi
le spune prin geamul coborât al maşinii.)
RUSU: Nu e loc şi pentru mine. Am să iau altă
    maşină!(fuge în sens opus)

E.C.: A plecat cu mapa. Erau cecurile copiilor. Trei milioane!

(Dacia roşie iese din scenă. Scena rămâne goală. Pe ecranul din spate apare crainicul televiziunii romane, George Marinescu.)

GEORGE MARINESCU: Întrerupem emisiunea pentru a face un anunţ important. „Cuplul dictatorial a fost văzut coborând dintr-un helicopter alb. Apoi s-a suit într-o Dacie roşie cu numărul 4B 2646 şi se îndreaptă spre Piteşti".

(Imaginea dispare pentru câteva secunde. Apoi apare din nou George Marinescu.)

GEORGE MARINESCU: Am primit o nouă informaţie. Maşina în care se afla tiranul este o Dacie neagră 4DB 3005. Maşina trebuie urmărită. Se îndreaptă spre Târgovişte. Nu trebuie lăsat să părăsească ţara!

(Pe ecran apar scene filmate în timpul revoluţiei din studiourile televiziunii în care apar Ion Iliescu, Ion Caramitru, Mircea Dinescu etc.)

SCENA 2

(Interiorul unei camere mai încăpătoare de la Inspectoratul Judeţean al Ministerului de Interne. În cameră e lumină de la becuri, pentru că afară e întuneric. Sunt prezenţi lt. colonel Ştefan Conţ, ofiţer de serviciu la Inspectorat, Petre Ştirbescu, revoluţionar, căpitanul Ion Boboc de la UM 1378 Târgovişte, care stau pe scaune. Intră srg. Mj. Enache.)

ENACHE: Să trăiţi (*Salută.*) I-am adus! Sunt în curte!
CONŢ: Pe cine?
ENACHE: Pe Ceauşeşti!

(Toţi sar în picioare de pe scaune. Apoi se aşează încet.)

CONŢ: Unde sunt?
ENACHE: În curte. I-am lăsat cu Paisie şi cu Osman,
    şoferul.
CONŢ: De unde veniţi?
ENACHE: I-am luat de la Inspectoratul Judeţean pentru
    Protecţia Plantelor.
CONŢ: De la Casa Plantelor!
ENACHE: Un tip pe care îl cunosc, Petrişor Nicolae, i-a
    dus până acolo şi apoi m-a căutat şi mi-a spus. La în-
    ceput nu l-am crezut! Apoi am vorbit cu Paisie, ser-
    gent major Paisie, şi l-am întrebat dacă merge cu mine.
    Am plecat amândoi, cu plutonierul Osman ca ante-
    mergător în ARO. Am luat maşina cu radar. Ne-am dus
    la Casa Plantelor. I-am găsit acolo şi i-am luat cu noi.
CONŢ: Nu s-au opus?
ENACHE: Nu. La început m-a întrebat dacă am venit să-l
    arestez. Când le-am spus că le vom asigura protecţie
    s-au liniştit. Se plictisiseră la Casa Plantelor şi se sim-
    ţeau probabil izolaţi, rupţi de lume, de cei care, încă
    mai credeau ei, că îi pot ajuta. Am vorbit respectuos cu
    ei. Când am văzut pe drum că mulţi se holbează la noi,
    iar unii, se pare, i-au recunoscut, ne-am dus în pădurea
    Răţoaia şi am stat acolo până s-a întunecat.
CONŢ: Bine gândit Enache! Acum adu-i încoace! (*Enache
    iese.*)

ŞTIRBESCU: Cel mai iubit fiu al poporului ascuns în pădure, să nu-l omoare furia revoluţiei!

(Intră cei doi Ceauşeşti împreună cu sgt. mj. Paisie şi sgt. mj. Enache. Cei doi sunt consternaţi de ceea ce văd.)

N.C.: Bă, voi cine sunteţi? Eu sunt preşedintele vostru, secretarul vostru general, comandantul vostru suprem. Cine sunteţi voi să arestaţi un şef de stat?

CONŢ: Eu sunt locotenent-colonel Conţ, de la Inspectoratul Judeţean de Miliţie, azi ofiţer de serviciu, dânsul *(arată spre Boboc)* este căpitanul Ion Boboc, de la unitatea militară 1378 din Târgovişte, dânsul *(arată spre Ştirbescu)* este Petre Ştirbescu, revoluţionar, reprezentantul maselor populare. Pe cei doi care v-au adus îi cunoaşteţi. V-am adus aici să vă asigurăm protecţia.

N.C. *(e consternat)*: Bine...

(Intră locotenentul major Marian Apostol, dintr-un birou alăturat.)

APOSTOL *(se uita la cei doi)*: Sunt aici! Foarte bine! M-au întrebat în legătură cu ei. Trebuie să le faceţi o percheziţie. Merg să raportez. *(Iese.)*

N.C.: Ăsta cine mai e?

CONŢ: Locotenent major Marian Apostol din partea Ministerului Apărării. În prezent Ministerul Apărării a preluat controlul asupra inspectoratelor Ministerului de Interne.

(N.C. e şi mai uimit. Vrea să spună ceva, dar Petre Ştirbescu nu-l lasă.)

ŞTIRBESCU: Aţi vorbit destul! Să mai vorbim şi noi! Spuneţi-ne acum de ce aţi lăsat poporul fără mâncare, fără căldură, fără lumină? Hai explicaţi-ne, să ştim şi noi!

N.C.: Am plătit datoriile.

ŞTIRBESCU: Şi de ce mă rog aţi ordonat demolarea satelor şi oraşelor?

CONŢ (*încearcă să-l potolească pe Ştirbescu*): Haideţi domnu' Ştirbescu să începem percheziţia.

ŞTIRBESCU (*nu se lasă*): De ce aţi luat pământul oamenilor de lângă case?

CONŢ: Paisie, vino încoace să mă ajuţi.

E.C.: De ce ne faceţi percheziţie? Mie şi soţului.

CONŢ: Să vedem dacă nu aveţi obiecte periculoase, dubioase.

(*Conţ şi Paisie îl ajuta pe N.C. să-şi scoată paltonul, iar Enache şi Ştirbescu pe E.C. Cei patru caută prin buzunarele paltonului, îi fac control corporal lui N.C. ca la aeroport. Varsă conţinutul poşetei E.C. pe masă. Din poşeta ies un ruj, câteva farduri şi cutiuţe de medicamente, o oglinjoară, un pieptene. La N.C. găsesc 2 agende mici, o batistă, 2 stilouri. Conţ îi ia ceasul lui N.C. se uită la el, pe toate părţile şi apoi îl dă înapoi. Răsfoieşte agendele şi le pune pe masă. Stilourile i le dă lui Paisie.*)

CONŢ: Am cam terminat!

(*N.C. şi E.C. se aşează pe două scaune extenuaţi. Au rămas fără grai. Intră maiorul Mareş. Salută milităreşte.*)

N.C.: Da, tu cine mai eşti?

MAREŞ: Tovarăşe preşedinte, sunt maiorul Ion Mareş de la UM1378. Am venit să vă preluăm, să vă ducem în unitatea noastră, să vă asigurăm protecţie. Comandantul garnizoanei, colonelul Chemenici, vă aşteaptă.

(Conţ şi Enache îi ajută pe cei doi să se îmbrace.)

ENACHE: Haideţi să mergem.

(Ies Mareş, Boboc, Enache, Paisie, Ştirbescu şi cei doi.)

CONŢ *(răsuflă uşurat)*: Bine că s-a terminat!

(Intră Apostol.)

APOSTOL: Au plecat?

CONŢ: Da. Au plecat cu cei de la garnizoană.

APOSTOL: Bine.

(Intră Enache.)

CONŢ: Ce-i Enache? N-ai mers cu ei?

ENACHE: Nu. Dar a mers Paisie. Erau destui în ARO. La volan s-a instalat colonelul Dinu de la securitate. Pe ei i-am aşezat pe podea, să nu-i vadă cumva oamenii. Mai sunt destui pe stradă. *(Către Apostol.)* Tovarăşe comandant, vă rog eu, verificaţi dacă au ajuns la garnizoană. Sau trimiteţi un soldat.

APOSTOL: Am să verific. Vremurile sunt tulburi. *(Iese.)*

CONŢ: Enache, ai fost la înălţime! Meriţi o promovare!

ENACHE: Să nu fie altceva!

(Râd amândoi. Intră Apostol.)

APOSTOL: Totul e în regulă! L-a preluat garnizoana! Am vorbit chiar cu colonelul Chemenici.

(Cei trei răsufla uşuraţi.
Cade Cortina.)

SCENA 3

(2 camere din cazarma unde au fost reţinuţi soţii Ceauşescu
până la proces. În funcţie de locul unde se va desfăşura
acţiunea se va lumina doar camera respectivă. Prima cameră,
cea din dreapta privind dinspre public, este cea a locţiitorului
pentru servicii. Are două mese puse în formă de T, mai multe
scaune, un cuier. Într-un colţ e o sobă de teracota. Pe un
perete e o bibliotecă plină cu cărţi. Multe dintre cărţi sunt
ale lui N.C. Pe mese se afla 4 telefoane. Unul dintre telefoane
este roşu. Într-un colţ pe o măsuţă se afla un televizor care
merge. Cele două ferestre sunt acoperite cu pături. Cealaltă
cameră aflată la ridicarea cortinei în întuneric, are trei paturi,
o măsuţă cu două scaune şi un cuier. Pe măsuţă se afla un
telefon. O perdea, care se poate mişca de-a lungul unei bare
metalice rotunde, permite separarea a două dintre paturi.
Cele două ferestre sunt acoperite cu pături. Între ele se
afla o gigantică stema a României socialiste. În ambele
camere iluminatul se realizează numai
de la becurile din tavan.

La ridicarea cortinei este luminată numai camera din
dreapta, cea a locţiitorului pentru servicii. Colonelul

*Chemenici e singur şi se uita la televizor. Intră lt.
colonelul Ţecu, unul dintre locţiitorii comandantului.)*

ŢECU: Vin! Au ajuns!
CHEMENICI (*sare de pe scaun ca ars*): Cine, Ceauşeştii?
ŢECU: Da, ei, cine alţii! Tovarăşe comandant închideţi te-
levizorul!
CHEMENICI: Ce crezi că nu ştiu ce se întâmplă?
ŢECU: Or şti ei câte ceva, dar alta e să vezi totul în direct!
Mă întorc cu ei. (*Iese.*)

*(Chemenici se duce la televizor şi îl închide. Intră N.C.,
E.C., Ţecu, maiorul Mareş şi căpitanul Boboc.
Chemenici ia poziţia de drepţi şi salută.)*

CHEMENICI: Tovarăşe preşedinte sunt colonelul Andrei
Chemenici, comandantul garnizoanei Târgovişte. Am
primit ordinul să vă găzduim şi să vă asigurăm protecţie!

*(La terminarea speech-ului comandantului,
N.C. a salutat şi el.)*

N.C.: De la cine aţi primit ordinul?
CHEMENICI (*se bâlbâie*): Aa...
N.C.: Cine conduce armata?
CHEMENICI: Generalul Guşa, şeful marelui stat major!
N.C. (*se înfurie*): E un trădător şi un incapabil! La Timi-
şoara nu a executat ordinele!
CHEMENICI (*timid*): Am primit ordine şi de la generalul
Stănculescu.
N.C. (*s-a mai calmat*): Lui să-i ascultaţi ordinele! Astăzi
dimineaţă l-am numit Ministrul Apărării!

(Urmează un moment de tăcere. Toți cei prezenți se foiesc neliniștiți. N.C. și E.C se așează pe câte un scaun.)

CHEMENICI: Aceştia sunt locotenent colonelul Ion Țecu, maiorul...

N.C. (*îl întrerupe*): I-am cunoscut mai devreme!

CHEMENICI: Căpitanul Boboc va sta cu dvs. 24 de ore din 24!

N.C.: Sunt arestat?

(Chemenici le face semn celorlalți să plece. Țecu și Mareş ies pe furiş din încăpere. Boboc rămâne şi aşteaptă ordinele în picioare.)

CHEMENICI: Sunteți sub protecție militară! Sunt mulți cei care vor să vă facă rău şi noi vă protejăm!

N.C. (*nu pare prea convins*): Am vrea să ne odihnim puțin. Şi poate să mâncăm ceva. De dimineață nu am apucat să ne tragem sufletul!

CHEMENICI (*îi face semn lui Boboc*): Căpitanul Boboc o să vă arate camera unde vă puteți odihni.

(Lumina se deplasează spre camera din stânga. În cameră sunt N.C., E.C. şi căpitanul Boboc.)

BOBOC (*arată spre paturile care pot fi despărțite de perdea*): Acestea sunt paturile dvs.

E.C.: Nu putem să dormim împreună?

BOBOC (*încurcat*): Trebuie să cer aprobarea comandantului!

E.C.: Du-te şi-o cere!

*(Boboc dă să iasă, dar vede telefonul şi smulge firul din
doză, apoi iese. Lumina se mută pe camera din dreapta
unde Chemenici stă singur lângă telefonul roşu şi nu se
hotărăşte ce să facă. Intră Boboc. Salută.)*

BOBOC: Tovarăşe comandant permiteţi să raportez!
CHEMENICI (*îi face semn să continue*).
BOBOC: Au cerut permisiunea să doarmă împreună!
CHEMENICI: Sunt de acord, nicio problemă! Dar stai cu
    ei. Dă-le ceva de mâncare de la popotă!
BOBOC: Da, să trăiţi! (*Iese.*)
CHEMENICI (*ridică receptorul telefonului roşu*): Sunt
    colonelul Chemenici, comandantul garnizoanei Târ-
    govişte. Aş dori să vorbesc cu tovarăşul general Stăn-
    culescu. (*Pauză.*) Să trăiţi tovarăşe general. Sunt
    Chemenici de la Târgovişte! Permiteţi să raportez!
    Sunt la mine în unitate! (*Pauză.*) Amândoi! (*Pauză
    mai lungă.*) Da, tovarăşe general! Am înţeles! Pază
    strictă, secret absolut. Numai câteva persoana ştiu că
    sunt în unitate! (*Pauză.*) Am înţeles! Răspundem cu
    capul! Să trăiţi tovarăşe general! Aştept ordinele dvs.!
    (*Lasă receptorul în furcă. E ceva mai destins.*)

*(Lumina se deplasează pe camera din stânga. Un soldat
a adus ceva de mâncare şi o pune pe masă. Boboc îl
supraveghează. E.C. o studiază.)*

E.C. (*dezamăgită*): Asta-i tot ce aveţi?
BOBOC: E mâncarea de la popota ofiţerilor!
E.C.: Ştiţi că tovarăşul Ceauşescu are diabet?
BOBOC: Nu ştiam.
E.C.: Fără zahăr, regim strict.

N.C.: Am să beau un ceai fără zahăr şi puţină pâine neagră.
(*Soldatul iese şi apoi revine cu o cană de ceai şi câ-*
teva felii de pâine neagră.)

(*N.C. şi E.C se aşează la masă să mănânce. Lumina se*
stinge treptat în cameră şi scena rămâne pentru un timp
în întuneric. După o bucată de vreme încep să se audă
rafale de armă automată. Din ce în ce mai puternice. Se
aud şi nişte bubuituri ca de tun. Camera din stânga se
luminează. N.C. e în picioare. La fel şi Boboc.
E.C. nu se scoală din pat.)

N.C.: Ce se întâmplă?
BOBOC: Trag în cazarma noastră! Iar noi ripostăm!

(*Rafalele aproape s-au oprit.*)

N.C.: Cine, trage?
BOBOC: Nu ştim.
N.C.: Trag după noi!
BOBOC: Nu cred! Foarte puţine persoane ştiu că vă aflaţi
aici!
N.C.: Căpitane, îţi dau un milion de dolari şi ce funcţie
vrei în armată, dacă îmi aduci un blindat să plecăm la
Voineşti. Acolo este un punct de comandă...
BOBOC: Nu se poate tovarăşe preşedinte. Îmi risc viaţa!
Am familie.

(*Rafalele de arme automate se înteţesc din nou.*)

BOBOC: Mă duc să vorbesc cu tovarăşul comandant.

(Lumina se mută pe camera din dreapta. Colonelul Chemenici se plimba prin încăpere. Intră Boboc. Salută.)

CHEMENICI: De ce i-ai lăsat singuri?

BOBOC: S-au speriat de rafalele de automate! El mi-a oferit un milion de dolari!

CHEMENICI *(în glumă)*: Ai acceptat?

BOBOC *(intră în joc)*: Ce să fac cu atâţia bani! *(Serios.)* Vrea să-i aduc un blindat.

CHEMENICI: Nu-i o idee rea! O să aducem unul şi o să-l plimbăm prin unitate. Acolo nu pot să-l nimerească. Adu-i încoace! Între timp vorbesc să aducă un TAB! *(Pune mâna pe telefon. Boboc iese. Se luminează camera din stânga. Intră Boboc.)*

BOBOC: Am adus blindatul, dar o să ne plimbăm numai prin unitate.

N.C.: De ce?

BOBOC: Înăuntru în TAB o să fiţi mai protejaţi! E blindajul şi în plus o să fim mai mult în mişcare.

(N.C. îşi pune paltonul pe el, iar E.C. se dă jos din pat.)

BOBOC: Haideţi să mergem! *(Ies toţi trei, Boboc ultimul.)*

(Un timp se aud rafale de arme automate, apoi se face linişte. O vreme e întuneric şi nu se aude nimic. Apoi se luminează treptat sugerând că se face ziuă. Lumina reflectorului bate pe camera din dreapta. În camera locţiitorului sunt Chemenici, Ţecu şi Mareş. Primii doi stau pe scaune, al treilea în picioare.)

CHEMENICI: S-a tras toată noaptea! N-am închis un ochi!

ȚECU: Înțeleg că și artileria antiaeriană a tras după ținte luminoase!

MAREȘ (*către Chemenici*): Tovarășe colonel, permiteți să raportez! Am trimis un soldat să verifice urmele de gloanțe!

CHEMENICI: Ei, și?

MAREȘ: Zidul liceului de vis-a vis e ciuruit, iar cel al cazărmii e intact!

ȚECU: Cum așa?

MAREȘ: Numai noi am tras! Nu a tras nimeni în noi. Au fost numai simulatoare!

ȚECU: E posibil așa ceva?

MAREȘ: Se pare că e posibil.

CHEMENICI: Dacă e adevărat trimite un soldat cu o găleată de vopsea să picteze urme de gloanțe și pe zidul cazărmii.

ȚECU: De ce?

CHEMENICI: Să nu ne facem de râs! (*Către Mareș.*) Hai executarea! (*Mareș iese.*)

ȚECU: Cu Ceaușeștii ce s-a întâmplat?

CHEMENICI: Sunt bine mersi! S-au plimbat toată noaptea cu TAB-ul. Mi-a fost frică să nu pățească ceva! Tovarășul general Stănculescu mi-a spus că răspund cu capul dacă pățesc ceva! (*Pauză.*) Cred că acum încearcă să doarmă, să se odihnească.

(*Intră Boboc. Salută.*)

BOBOC: Tovarășe colonel, permiteți să raportez! S-au sculat. Acum mănâncă ceva. S-au chinuit rău de tot în TAB. Locul e foarte strâmt. Ar vrea să vină aici, să stea de vorbă cu dumneavoastră.

CHEMENICI: Bine adu-i încoace!

(Boboc saluta şi iese. Intră N.C şi E.C. Chemenici şi Ţecu se ridică în picioare. Boboc salută şi iese.)

N.C.: Bună dimineaţa!
CHEMENICI: Bună dimineaţa tovarăşe preşedinte! Bună dimineaţa tovarăşa Elena!

(E.C. mormăie un bună dimineaţa. Se aşează pe un scaun.)

ŢECU: Cum aţi dormit?
N.C.: Mai deloc! *(Se aşează şi el pe un scaun. Ofiţerii se aşează şi ei.)*
E.C.: E loc puţin în tancheta aia. Am fost tare înghesuiţi.
CHEMENICI *(se uită întrebător la N.C.)*: Să dăm drumul la televizor?
N.C. *(morocănos)*: Daţi, daţi.

(Un timp se uită toţi în linişte. Apoi E.C. arătă cu degetul.)

ŢECU: Gelu Voican Voiculescu.
E.C.: Nu ştiu cine-i ăsta!
N.C. *(nu-l interesează Gelu Voican)*: Ministrul Apărării e tot Stănculescu?
CHEMENICI: Nu, acum e generalul Militaru!
N.C. *(se înfurie)*: Asta e un trădător! E în slujba ruşilor! E spion KGB! De aia l-am trecut în rezervă!
E.C.: Uite-l şi pe Nicolaescu, regizorul. Asta e mulţumirea că l-am lăsat să meargă în străinătate! Nerecunoscă-

torul! El şi cu femeile lui! (*Se uita în continuare.*) Uite-l şi pe Dinescu!

N.C.: Cine?

E.C.: Poetul! Ce caută ăsta acolo? Pe mâna cui a încăput ţărişoara asta!

N.C. (*enervat şi abătut*): Dar şeful guvernului ăsta sau ce mai e...

ŢECU: Frontul Salvării Naţionale! E Ion Iliescu!

N.C. (*se înfurie din nou, către E.C.*): Ţi-am spus eu că trebuia să-l terminăm, dar tu nu, numai să-l marginalizăm. Uite acum o să ne termine el pe noi! (*Pauză.*) Hai mai bine să mergem la noi în cameră!

CHEMENICI: Îl chem acum pe Boboc! (*Ridică un telefon.*) Spune-i lui Boboc să vină în biroul locţiitorului pentru servicii!

N.C. (*către Ţecu*): N-aveţi să-mi daţi ceva de citit?

(*Ţecu se ridică, se duce la bibliotecă şi aduce o carte.*)

N.C.: Ce-i asta?

ŢECU: O carte poliţistă. Să vă dau congresul IX?

(*N.C. o răsfoieşte absent. Intră Boboc. Salută.*)

CHEMENICI: Du-i pe... tovarăşii în camera rezervată pentru dânşii.

(*Cei trei ies.*)

CHEMENICI (*pune mâna pe telefonul roşu şi formează un număr*): Să trăiţi tovarăşe general! Da, Sunt aici. Totul e în regulă, dar ştiţi în noaptea asta s-a tras în draci cu arme automate. (*Pauză.*) I-am ţinut într-un TAB. (*Ascultă ce spune partenerul de discuţie.*) Eu aş propune să-i ducem la dumneavoastră la Bucureşti cu un convoi de blindate. (*Ascultă din nou.*) Bine. Am înţeles. Îi ţinem aici până primim ordin de la dumneavoastră. Să trăiţi! (*Pune telefonul în furcă.*)

ŢECU: Cu cine ai vorbit?

CHEMENICI: Cum cu cine! Cu generalul Stănculescu! Zice să-i ţinem aici! (*Pauză.*) Mie a început să-mi fie frică!

ŢECU (*se duce la un geam şi ridică un colţ de pătura*): Uită-te să vezi ce-i afară!

(*Din stradă se aude mulţimea care strigă: "Ole, ole, Ceauşescu nu mai e!" Chemenici se duce şi el la geam să se uite. Se aude o bătaie în uşă.*)

CHEMENICI: Intra!

(*Intră Boboc, roşu la faţă, puternic surescitat, tulburat. Chemenici şi Ţecu lasă pătura să cadă şi se întorc cu faţa la cel care a intrat.*)

BOBOC: Să trăiţi tovarăşe comandant!

CHEMENICI (*îşi dă seama că ceva nu e în regulă cu Boboc*): Spune Boboc... Ce s-a întâmplat?

BOBOC: Tovarăşe comandant, eu nu mai rezist! Sunt la capătul puterilor!

CHEMENICI: Hai, calmează-te. Spune-mi ce s-a întâmpla!

BOBOC: Îi auziţi pe cei de afară cum strigă?

CHEMENICI: Ar fi şi greu să nu-i aud!

BOBOC: Nu ştiu ce a înţeles, ăsta, Ceauşescu, dar i s-a
     părut că strigă ceva de bine pentru el şi s-a repezit la
     geam zicând: „O să mă vadă şi o să înceteze masca-
     rada, o să le spun că ţara e trădată“! N-am stat pe gân-
     duri nicio clipă şi l-am trântit la pământ. În cădere s-a
     lovit de cuier şi acum sângerează puţin.
CHEMENICI: Ai făcut ce trebuia să faci!
BOBOC: A zis că nu mai vrea să stau cu ei. Şi nevastă-sa
     s-a repezit la mine şi m-a certat.
CHEMENICI: Foarte bine! O să numim pe altcineva în
     locul tău. Până atunci du-te la infirmerie şi adu spirt,
     vată şi pansamente, să-i faci un bandaj! Poţi să-i spui
     că vei fi înlocuit de altcineva. Poţi să pleci

(Boboc salută şi iese.)

ŢECU: A fost cât p-aci!
CHEMENICI: Îţi dai seama ce se întâmplă dacă îl vedeau
     cei de-afară?
ŢECU: Dădeam de belea!
CHEMENICI: Pe cine să-l trimitem înlocuitor?
ŢECU: Pe Iulian. Locotenent major Iulian Stoica.
CHEMENICI: Nu-i prea tânăr?
ŢECU: E băiat serios, cinstit. O să se descurce.
CHEMENICI: Bine. (*Pune mâna pe unul din telefoane.*)
     Trimiteţi-l încoace pe locotenentul major Iulian Stoica!

*(După puţin timp se aude o bătaie la uşă.
Chemenici spune: „Intra“. Intră un băiat tinerel.
E puţin speriat. Salută.)*

I. STOICA: Să trăiţi tovarăşe comandant!

CHEMENICI: Iuliane, tovarăşul colonel Ţecu zice că eşti
un băiat de ispravă! Vrem să-ţi dăm o sarcină de ma-
ximă importanţă. Foarte importantă în zilele astea.
(*Pauză.*) Boboc l-a bruscat pe Ceauşescu şi nu mai
poate rămâne cu ei în cameră. Nici ei nu-l mai acceptă,
nici el nu mai face faţă, iar eu cred că trebuie înlocuit.
Deci tu o să-l înlocuieşti pe Boboc şi o să stai cu Ceau-
şeştii până când îi trimitem la Bucureşti, sau vine ci-
neva să-i ia.

I. STOICA: Am înţeles, să trăiţi!

CHEMENICI: Acum hai cu mine să te prezint. (*Ies
amândoi.*)

(*Lumina se mută pe camera din stânga. Camera din
dreapta rămâne în întuneric. În cameră sunt N.C. şi
E.C., stând pe pat, şi Boboc în picioare. N.C. are un mic
bandaj la frunte. Intră Chemenici şi Iulian Stoica.*)

CHEMENICI: Tovarăşe preşedinte, am auzit că sunteţi ne-
mulţumit de căpitanul Boboc.

N.C.: M-a îmbrâncit!

E.C.: L-a lovit pe soţul meu! Ce fel de oameni sunteţi,
n-aveţi pic de respect!

CHEMENICI: Dispoziţia a fost clară că nu aveţi voie să vă
uitaţi pe fereastră, pentru că cineva poate să vă îm-
puşte, iar datoria noastră este să vă păstrăm nevătă-
maţi! Aţi auzit ce canonadă a fost azi noapte! Căpitanul
Boboc nu a făcut altceva decât să respecte ordinul
meu! Dar pentru a păstra o atmosferă de calm şi li-
nişte, am decis să-l înlocuim pe căpitanul Boboc cu
locotenentul major Iulian Stoica.

(Stoica salută.)

E.C.: E un copil!

CHEMENICI: E un cadru de nădejde! Vă las în grija lui.
(Salută şi el şi Boboc şi ies amândoi.)

N.C. *(se apropie de Iulian Stoica)*: Îţi dau un milion de
dolari şi orice grad vrei în armată dacă ne scoţi de aici!

STOICA: Nu se poate tovarăşe preşedinte!

*(În acel moment încep din nou să se audă rafale de
mitralieră şi arme automate, din ce în ce mai intense. Toţi
trei sunt foarte speriaţi. Intră Chemenici.)*

CHEMENICI: Iuliane, vino până dincolo.

*(Lumina se mută pe camera cealaltă. Înăuntru sunt
Chemenici şi Iulian Stoica.)*

CHEMENICI: Iuliane, dacă ăştia atacă garnizoana îi omori
pe amândoi!

STOICA *(năucit)*: Pe cine?

CHEMENICI: Pe ăştia doi, pe Ceauşeşti!

STOICA *(e mut de uimire)*.

CHEMENICI: Nu trebuie să eziţi. Un încărcător în el şi alt
încărcător în ea.

STOICA *(în continuare mut de uimire)*.

CHEMENICI *(schimbare bruscă de ton)*: Dacă nu se re-
zolvă până atunci, am să trimit un TAB să vă plimbaţi
prin unitate cum am făcut şi noaptea trecută. Du-te
acum să stai cu ei! *(Îl împinge spre uşă, Stoica iese
de-a îndărătelea.)*

(Chemenici rămâne singur şi se plimba înnebunit prin camera. Rafalele se înteţesc. Se aude o bătaie în uşă. Chemenici spune: „intră“. Intră Boboc.)

BOBOC: Să trăiţi tovarăşe comandant, am pregătit TAB-ul.
CHEMENICI: Îi plimbi prin curte ca în noaptea trecută! Îl iei şi pe Iulian cu tine.
BOBOC: Am înţeles! (*Salută şi iese.*)

(Chemenici e din ce în ce mai agitat. Ridică un receptor de telefon.)

CHEMENICI: Ţecu şi Mareş să vină la mine!

(Intră Ţecu şi Mareş.)

CHEMENICI: E o nebunie întreagă. Trag ăştia fără oprire.

(Sună telefonul. Chemenici ridică receptorul. Cineva se răsteşte la el. Pune receptorul jos.)

ŢECU: Cine era?
CHEMENICI (*cu un glas pierit*): Un nebun care s-a recomandat „reprezentantul trupelor speciale“. A zis „să-i predaţi pe trădători în jumătate de oră, altfel cazarma va fi rasă de pe suprafaţa pământului“.
MAREŞ: Chiar un nebun!

(Se aude o canonadă de artilerie. Cei trei se uită speriaţi unii la alţii. Telefonul sună din nou. Tot Chemenici ridică receptorul. Ascultă ce-i spune interlocutorul, apoi îl lasă în furcă.)

CHEMENICI: Tot el a fost! Cică „Aţi văzut că nu glumim. Asta e doar începutul!“
CHEMENICI: Dacă cade cazarmă, voi trebuie să-i terminaţi pe cei doi!

(Mareş şi Ţecu se uită unul la altul.)

CHEMENICI: Nu vă faceţi că nu aţi înţeles! Să-i executaţi! (*Către Mareş.*) Tu pe Nicolae (*către Ţecu*) şi tu pe Elena!

(Cei doi se uită perplecşi unul la celălalt.)

CHEMENICI: Acuma mergeţi la punctele fierbinţi să organizaţi apărarea!

(Cei doi salută şi ies din scenă. Chemenici ridică un receptor de telefon.)

CHEMENICI: Plutonierul Stoican să vină imediat la mine.

(Chemenici se învârte din ce în ce mai agitat prin cameră. Bătaie la uşă. Acelaşi „Intra“ şi intră plutonierul Stoican.)

STOICAN: Să trăiţi tovarăşe comandant!
CHEMENICI: Stoicane vrei să intri în istorie?
STOICAN (??!!)
CHEMENICI (*îl duce la una dintre ferestre*): Vezi TAB-ul ăla care merge prin curte? (*Stoican dă afirmativ din cap.*) Ia un pistol automat, pune-i un încărcător plin, du-te la TAB şi împuşcă-i pe toţi care sunt înăuntru!

STOICAN (*e năucit de ce aude*).

CHEMENICI (*se uită la el şi văzându-i reacţia se recom-
pune*): Trebuie să mă duc prin curte să văd ce se în-
tâmplă! (*Iese în fugă.*)

(*Stoican a înlemnit în mijlocul încăperii. Se aud din nou
rafale puternice de arme automate. Lumina se stinge
treptat până ce toată scena rămâne în întuneric. Când se
face lumină din nou, reflectorul este pus pe camera din
dreapta. Ţecu stă pe un scaun, iar Chemenici
se plimbă agitat prin cameră.*)

CHEMENICI: Nu ştiu ce am avut azi noapte. Parcă eram
drogat. Am umblat prin curte ca un bezmetic.

ŢECU: Acum eşti mai bine?

CHEMENICI: Mult mai bine!

ŢECU: Prizonierii noştri cum au trecut noaptea?

CHEMENICI: Tot în TAB! Probabil iar nu au prea dormit,
dar asta e n-avem ce-i face! Astăzi cred că scăpăm de
ei şi am să fiu ceva mai liniştit!

(*Ţecu s-a dus la televizor să-i dea drumul şi nu a auzit ce
a spus Chemenici.*)

ŢECU: Ce ai spus?

CHEMENICI: M-a sunat generalul Stănculescu şi mi-a
spus că vin astăzi cu două helicoptere.

(*Din televizor se aude un colind de Crăciun.*)

CHEMENICI: Ce-i asta?

ȚECU: Un colind de Crăciun. S-au cântat şi aseară, da' cu toată nebunia aia, nu s-au auzit.

CHEMENICI: Da, ai dreptate, astăzi e Crăciunul!

ȚECU: Ne-am cam dezobişnuit să ştim când e Crăciunul! (*Pauză.*) Se pare că iar au fost numai simulatoare! Nu am văzut niciun glonţ pe zidurile clădirilor!

CHEMENICI: Dacă o să-i ducă de aici scăpăm de necazuri! (*Pauză.*) Azi noapte a sosit un curier de la Direcţia de Informaţii a Armatei. Mi-a adus nişte fiole de insulină şi câteva seringi de unică folosinţă. Ceauşescu are diabet şi nu şi-a mai făcut injecţii cu insulină de când a plecat din clădirea CC-ului. Sper să ştie să şi le facă singur, sau să i le facă nevastă-sa.

(Chemenici ridică un receptor de telefon.)

CHEMENICI: Mergi la Iulian Stoica şi trimite-l la mine.

(Țecu merge la televizor şi-l închide. Ciocănit la uşă, răspuns afirmativ şi intră Iulian Stoica şi salută.)

CHEMENICI: Iuliane nu ai executat ordinul! (*Pauză.*) Ştii cum se cheamă asta? Trădare, aşa se cheamă neexecutarea ordinului superiorului tău!

STOICA: Nu s-a putut, să trăiţi!

CHEMENICI: O să vorbim despre asta mai târziu. Uite aici ai un colet pe care l-am primit prin curier de la Bucureşti, de la DIA. (*Îi înmânează un colet.*) Sunt câteva fiole de insulină şi seringi de unică folosinţă pe care i le dai tovarăşului Ceauşescu. Cred că ştie să-şi facă injecţiile singur, sau poate i le face soţia. Trebuie

să-şi facă injecţiile neapărat. Nu şi le-a mai făcut de la
Bucureşti. Executarea!

STOICA: Am înţeles, tovarăşe comandant! (*Ia coletul, sa-
lută şi iese.*)

(*Câteva momente de acalmie, apoi sună telefonul roşu.
Chemenici sare ca ars de pe scaun şi răspunde
la telefon.*)

CHEMENICI: Da, tovarăşe general. (*Pauză.*) Am înţeles
tovarăşe general!

(*Chemenici se aşează pe scaun să-şi tragă sufletul.*)

CHEMENICI (*către Ţecu*): În 15-20 de minute sunt aici cu
două helicoptere. Mi-a spus generalul Stănculescu că
trebuie să le facem o scurtă vizită medicală. Du-te tu şi
adu-l pe medicul garnizoanei să le facă vizita medi-
cală.

(*Ţecu iese. Chemenici se aşează pe scaun, îşi trage din
nou sufletul, după care apucă un telefon.*)

CHEMENICI (*în telefon*): Spune-i lui Iulian să vină la
mine cu cei doi Ceauşeşti.

(*Intră N.C. şi E.C. împreună cu Iulian Stoica.*)

CHEMENICI: Tovarăşe preşedinte am veşti bune! În 15
minute sosesc două helicoptere de la Bucureşti. Vine
şi generalul Stănculescu.

E.C. (*la ureche către N.C.*): Nicule, suntem salvaţi!

CHEMENICI: Pentru a fi siguri că suportaţi zborul cu he-
licopterul vă vom face o vizită medicală.

*(Se aud bătăi în uşă. După obişnuitul „intra", apar
medicul garnizoanei şi maiorul Ţecu.)*

CHEMENICI: Dânsul e medicul garnizoanei noastre.
MEDICUL *(salută, apoi către N.C.)*: O să vă rog să vă
aşezaţi pe scaunul acesta. *(N.C. se aşează.)*

*(Doctorul începe un control medical de rutină.
Cade cortina.)*

Sfârşitul Actului III

ACTUL IV

PROCESUL ŞI EXECUŢIA

SCENA 1

*(Decorul va fi acelaşi tot timpul actului IV. În colţul din stânga
al scenei se va vedea un TAB şi ceva mai încolo un helicopter
(o machetă de carton), apoi zidul unde va fi executat cuplul
prezidenţial pe care scrie destul de vizibil WC, o uşă pe unde
vor intra şi ieşi N.C. şi E.C., generalul Stănculescu, soldaţii
care îi vor însoţi pe cei doi. Uşa duce la un coridor îngust
care va putea fi văzut din sala deoarece are geamuri pe toată
lungimea lui, cam de la nivelul mijlocului unui om de înălţime
normală. Coridorul duce în sala de festivităţi unde va avea loc
procesul. Se va proceda cu reflectoarele, ca în actul anterior.
Ele vor lumina, în funcţie de evoluţia acţiunii, partea din
stânga sau cea din dreapta a scenei. La ridicarea cortinei se
va auzi zgomotul unui helicopter care aterizează. Generalul
Stănculescu coboară din helicopter. În spatele lui se mai iţeşte
un cap, dar generalul îi face semn să rămână pe loc. La sol se
afla Andrei Chemenici în poziţie de drepţi.)*

CHEMENICI: Să trăiţi tovarăşe general!

STĂNCULESCU: Domnule general! Pe loc repaus. (*Se apropie de Chemenici şi îl întreabă discret.*) Unde sunt cei doi?

CHEMENICI: Le facem vizită medicală aşa cum mi-aţi comunicat.

STĂNCULESCU: Avem şi noi un medic. Îl trimit acolo şi pe el.

CHEMENICI: Apoi am să-i urc în TAB şi am să-i aduc aici.

STĂNCULESCU: Bine. Arată-mi dacă ai o sală de festivităţi încăpătoare.

CHEMENICI: Avem tova... domnule general! Doar vă aflaţi la sediul garnizoanei Târgovişte!

(Chemenici o ia înainte, intră pe uşă apoi este văzut pe coridor. Stănculescu vine imediat în spatele lui. Reflectorul îi urmăreşte pe cei doi până când intră în sala de festivităţi, lăsând în întuneric partea din stânga a scenei. Apoi cei doi ajung în sală care este acum în întregime luminată.)

STĂNCULESCU (*privire circulară*): E bună. Mai e nevoie de unele retuşuri, dar mai avem ceva timp.

CHEMENICI: Dar ce intenţionaţi să faceţi aici?

STĂNCULESCU (*surprins*): Cum ce? Procesul!

CHEMENICI (*acum el e cel surprins*): Aici la noi? Nu îi duceţi la Bucureşti?

STĂNCULESCU (*scurt*): Nu. (*Pauză.*) Rămâi aici şi dă ordin să aranjeze scaunele. (*Arătă cu mâna.*) Aici trebuie să stea completul de judecată. Aici reprezentanţii CFSN, aici avocaţii apărării şi acolo cei doi inculpaţi. Mă duc să pun la punct alte câteva detalii.

*(Stănculescu o ia înapoi pe coridor şi este urmărit de
reflector. Când ajunge lângă helicopter toată partea
din stânga a scenei va fi luminată. Bagă capul pe uşa
helicopterului şi spune: „Puteţi coborî". Apoi se duce în
spatele helicopterului şi spune din nou: „Puteţi coborî".
Apar unul câte unul membrii completului de judecată,
Gelu Voican Voiculescu, Virgil Măgureanu, avocaţii
apărării. Intră pe uşă şi merg pe coridor spre sala de
festivităţi. Sunt urmăriţi de reflector numai cât
merg pe coridor.)*

STĂNCULESCU (*strigă*): Unde e detaşamentul de para-
şutişti de la Boteni?

(Apare un căpitan în uniformă de trupe de asalt. Salută.)

CĂPITANUL: Domnule general, sunt căpitanul Ionuţ
    Boeru de la unitatea de paraşutişti de la Boteni!
STĂNCULESCU: Câţi oameni ai cu tine?
CĂPITANUL: Opt să trăiţi!
STĂNCULESCU: Sunt oameni de încredere?
CĂPITANUL: Garantez pentru ei!
STĂNCULESCU: Foarte bine! Alegi doi oameni care îi
    vor executa pe Ceauşeşti. Ai să stai lângă ei. Câte 30
    de cartuşe în fiecare! Trageţi de la şold! (*Arata zidul
    WC-ului.*) Acolo îi puneţi cu spatele la zid. Îi vom
    scoate din sală prin coridorul de colo. Trebuie să ai alţi
    doi oameni pregătiţi să-i aducă prin coridor până aici.
CĂPITANUL: Am înţeles să trăiţi!
STĂNCULESCU: Pregăteşte-ţi oamenii!

*(Căpitanul salută şi iese din scenă.
Apare Chemenici destul de agitat.)*

CHEMENICI: Am pregătit totul cum aţi ordonat!
STĂNCULESCU: Unde sunt?
CHEMENICI: Am ordonat să-i aducă aici cu TAB-ul. Ştiţi
    pentru siguranţă.
STĂNCULESCU: Foarte bine! (*Strigă.*) Căpitane Boeru!

(Apare căpitanul. Ia poziţia de drepţi.)

CĂPITANUL: Da, să trăiţi!
STĂNCULESCU: O să vină cei doi Ceauşeşti cu un TAB.
    Adu doi oameni care să-i dea jos din TAB şi să-i con-
    ducă prin coridor în sala de judecată. Vezi că e şi un
    cameraman de la televiziune. Ia-l şi pe el să filmeze
    momentul. Eu mă duc în sala de judecată.

*(Reflectorul îl urmăreşte pe generalul Stănculescu pe coridor
până în sala de judecată, apoi sala de judecată e complet
luminată. Completul de judecată e cu faţa la public. În centru
colonelul Gică Popa – preşedinte, în dreapta lui judecătorul
col. Ioan Nistor, în stânga procurorul mr. Dan Voinea,
urmează apoi grefierul şi unul lângă altul asesorii populari,
un căpitan, un locotenent major şi un locotenent. În stânga
completului sunt Gelu Voican Voiculescu şi Virgil Măgureanu.
Generalul Stănculescu intră şi se aşează lângă ei. Tot în
stânga se află şi cei doi avocaţi ai apărării. În dreapta unde e
intrarea în coridor e o măsuţă cu două scaune pentru N.C. şi
E.C. Pentru scurt timp, cât generalul Stănculescu se aşează,
sala e luminată, apoi lumina se mută în partea din stânga a
scenei. Urmează scena, devenită de acum clasică,
preluată de toate televiziunile, cu cei doi Ceauşeşti
coborând din TAB, cu ajutorul soldaţilor. N.C. şi E.C. sunt*

*îmbrăcaţi cu haine groase de iarnă, cele cu care au plecat din
Bucureşti, N.C. având o căciulă de astrahan pe cap.
Un cameraman filmează scena, apoi N.C. şi E.C. sunt conduşi
prin coridor de doi paraşutişti până în sala de judecată.
Acolo li se indică locurile unde trebuie să se aşeze. Cei doi se
aşează pe scaune şi privesc uimiţi la cei din sală.
Când îl vede pe generalul Stănculescu E.C. are o tresărire
şi îi face semn lui N.C., care se uită la general.)*

Judecătorul GICĂ POPA (*se ridică în picioare*): Sunteţi în
faţa unui tribunal al poporului.

N.C.: Nu recunosc nici un tribunal în afară de Marea Adu-
nare Naţională.

JUDECĂTORUL: Marea Adunare Naţională s-a desfiinţat.
Noul organ al puterii de stat este Frontul Salvarii
Naţionale.

N.C.: Lovitura de stat nu poate fi recunoscută. Citiţi Con-
stituţia ţării.

JUDECĂTORUL: Te rog să te ridici în picioare, inculpat.
(*N.C. şi E.C. nu se ridică în picioare.*) Am citit-o, o
cunoaştem şi nu este cazul să ne dai dumneata indi-
caţii să citim Constituţia ţării. O ştim mai bine decât
dumneata care n-ai respectat-o.

N.C.: Nu recunosc tribunalul. Nu voi răspunde la nici o
întrebare.

Avocatul TEODORESCU: Suntem avocaţii Teodorescu
Nicolae şi Lucescu Constantin din baroul avocaţilor
Bucureşti. Noi suntem aceia care urmează să le asi-
gurăm apărarea celor doi inculpaţi ce compar în faţa
tribunalului militar teritorial. Vă rog să-mi daţi apro-
barea să iau legătură cu cei doi.

JUDECĂTORUL: Poftim, două minute.

TEODORESCU: Domnule Ceauşescu, este un tribunal legal constituit. Organismul pe care dumneavoastră îl invocaţi a fost desfiinţat, prin voinţa poporului român. Vă rugăm să ne spuneţi, cum înţelegeţi să vă facem această apărare? Este o obligaţie morală faţă de dumneavoastră, vă rugăm să vă ridicaţi în picioare, indiferent dacă dumneavoastră sunteţi de acord sau nu. Pentru că acesta este totuşi un tribunal legal constituit.

(Avocatul Teodorescu se apropie de N.C, dar aceasta îi face semn să se depărteze.)

N.C.: Nu dau socoteală decât în faţa Marii Adunări Naţionale. Nu recunosc tribunalul.

JUDECĂTORUL: Domnule avocat, vă rog să luaţi loc.

TEODORESCU: Vă mulţumesc. (*Se aşează.*)

JUDECĂTORUL: Inculpatul a refuzat, timp de 25 de ani, să poarte un dialog cu poporul, deşi a vorbit în numele poporului, ca fiul cel mai iubit al poporului. Şi-a bătut joc de acest popor! Nici astăzi nu vrea să coopereze cu tribunalul. Zilele de sărbătoare erau adevărate festinuri, în care acest inculpat şi această inculpată îşi aduceau în jurul lor camarila etalând cele mai luxoase toalete şi un fast pe care nu le aveau nici capetele încoronate de ieri şi de azi, iar poporului îi dădea 200 gr de salam pe zi, pe buletin. Îl rog pe reprezentantul procuraturii să citească actul de acuzare. (*Se aşează.*)

Procurorul VOINEA (*se ridică în picioare*): Domnule preşedinte şi onorată instanţă, avem de judecat astăzi pe inculpaţii Ceauşescu Nicolae şi Ceauşescu Elena care se fac vinovaţi de grave crime îndreptate împotriva poporului român. Cei doi inculpaţi au săvârşit fapte incompatibile cu demnitatea umană, cu principiile justiţiei sociale, acţionând discreţionar, despotic şi criminal, în mod deliberat, pentru a distruge poporul român.

Domnule preşedinte şi onorată instanţă, vă cer condamnarea acestora la moarte pentru săvârşirea următoarelor fapte penale:

1. infracţiune de genocid, prevăzută de articolul 357, aliniatul 1, Cod Penal, litera c;

2. subminarea puterii de stat prevăzută de articolul 162, Cod Penal, pentru organizarea de acţiuni armate de natură să slăbească puterea de stat;

3. infracţiunea de acte de diversiune prevăzute de articolul 163, Cod Penal, pentru distrugerea, degradarea sau aducerea în stare de neîntrebuinţare, în întregime sau în parte, prin explozii sau orice alt mod al instalaţiilor industriale sau a altor bunuri de natură să aducă în orice mod atingere securităţii statului, şi

4. pentru infracţiunea de subminare a economiei naţionale, prevăzută de articolul 165, Cod Penal, prin faptul că au folosit o organizaţie din cele prevăzute de articolul 145, Cod Penal, ori de a împiedica activitatea normală a acestora de natură să submineze economia naţională a poporului român.

JUDECĂTOR: Ai auzit inculpat Nicolae Ceauşescu? Tribunalul îţi cere să te ridici în picioare. Ai auzit care sunt învinuirile ce ţi se aduc?

N.C.: Nu răspund decât în faţa Marii Adunări Naţionale. Puteţi face orice mascaradă, nu recunosc!

JUDECĂTORUL: Mascarada ai făcut-o dumneata timp de 25 de ani. Asta este mascarada pe care ai făcut-o şi ai dus ţara în pragul prăpăstiei.

N.C.: Tot ceea ce s-a spus e fals... sunt peste 3,5 milioane de apartamente...

JUDECĂTORUL: E fals? (*Către grefier.*) Nu recunoaşte învinuirile ce i se aduc.

N.C.: Nu, n-am spus nimic. N-am dat nici o declaraţie. Nu mai dau nicio declaraţie, nu mai răspund nici un cuvânt, decât în faţa Marii Adunări Naţionale.

JUDECĂTORUL (*primeşte hârtia de la grefier*): Nu recunosc învinuirile ce mi se aduc, vă rog să semnaţi.

N.C.: Nu voi semna nimic!

JUDECĂTORUL: Situaţia se cunoaşte, situaţia dezastruoasă a ţării nu o cunoaştem numai noi, ci fiecare om cinstit din această ţară, care a mocnit până în ziua de 22 decembrie 1989 când au apărut zorii libertăţii. Cunoaştem situaţia cu toţii, lipsa de medicamente, care a făcut ca să moară oameni, să moară copii şi întreg poporul ţinut fără hrană, fără căldură, fără lumină, nu te-ai gândit la acest lucru? (*Pauză.*) Acum discut cu inculpatul Ceauşescu Nicolae. Din ordinul cui s-a făcut genocidul de la Timişoara? (*Către grefier.*) Inculpatul refuză să răspundă.

N.C.: Răspund în faţa Marii Adunări Naţionale.

JUDECĂTORUL: Lasă placa asta veche. Am auzit-o.

N.C.: Refuz să răspund la întrebarea cine este autorul genocidului de la Timişoara. (*Pauză.*) Pentru istorie, Marea Adunare Naţională va afla adevărul şi nu cei care au organizat lovitura de stat!

JUDECĂTORUL: Istoria, națiunea a făcut-o, n-ai făcut-o dumneata. (*Pauză.*) Noi am organizat lovitura de stat? Dumneata ai uzurpat puterea! Răspunzi numai la întrebările pe care ți le pun eu!

N.C.: Nu răspund!

JUDECĂTORUL: La București cine a ordonat să se tragă în mulțime, în tineri? Nu cunoașteți, nu cunoașteți situația de la București? S-a tras în Piața Palatului în mulțime, ești străin de acest lucru? Și acum continuă să se tragă în oameni nevinovați, în bătrâni, în copii, de către niște fanatici. Cine sunt acești fanatici? Cine i-a plătit?

N.C.: Nu răspund la nici o întrebare, vă rog să nu considerați ce spun eu ca răspuns la întrebare. Nu s-a tras în Piața Palatului în nimeni, dimpotrivă au fost ordine clare să nu se tragă.

JUDECĂTORUL: Din partea cui, ai dat dumneata ordin să nu se tragă?

N.C.: Da. Eu am dat ordin să nu se tragă, inclusiv la televiziune, inclusiv la teleconferință care este înregistrată.

JUDECĂTORUL (*către grefier*): Consemnați, vă rog.

N.C.: Nu. Nu recunosc decât în fața Marii Adunări Naționale. Tot ceea ce s-a spus aici sunt falsuri, provocări.

JUDECĂTORUL (*către grefier*): Nu recunosc să fi dat ordin, eu sau acoliții mei să se tragă în mulțimea adunată în fața CC-ului. Nici nu s-a tras de altfel. (*Către N.C.*): 64.000 de victime sunt astăzi ca urmare a dispozițiilor date de dumneata, în toate orașele, ai auzit, în toate muncipiile țării, cum le pronunțai dumneata, în toate municipiile pe care te lăudai că le-ai construit. S-au construit cu sudoarea poporului, îndobitocit, sleit. Toți oamenii de cultură, toate inteligențele le-ai persecutat, ca să fugă din țară, să ne lase pe mâna dumitale. (*Către procuror.*) Aveți de pus întrebări?

Procurorul VOINEA: Domnule președinte, să ne spună inculpatul cine sunt mercenarii străini care și la ora aceasta trag în populația de pe întreg teritoriul țării, cine i-a adus și cine îi plătește pe acești mercenari?

JUDECĂTORUL: Răspunde, te rog, inculpat.

N.C.: E o altă provocare și nu răspund decât în fața Marii Adunări Naționale, a poporului.

JUDECĂTORUL (*către grefier*): Refuz să răspund la întrebarea cine a recrutat și dirijat mercenarii străini care săvârșesc fapte de teroare și în prezent, omorând populația pașnică și nevinovată. (*Către E.C.*) Dânsa este vorbăreață, da, am văzut-o de mai multe ori. Numai citea. Savantul, inginerul, academicianul, care nu știa să citească. Analfabeta ajunsese academician.

E.C.: O să te audă colegii mei! O să te audă!

JUDECĂTORUL: Inculpat Ceaușescu Nicolae, în afară de cele invocate în legătură cu legalitatea acestui tribunal, ai și altceva de spus?

N.C.: Eu răspund la orice întrebare numai în fața Marii Adunări Naționale și a reprezentanților clasei muncitoare.

JUDECĂTORUL: Ca și până acum!

N.C.: Răspund la orice întrebare în fața Marii Adunări Naționale!

JUDECĂTORUL (*către grefier*): Să se consemneze: refuz să răspund la orice fel de întrebare pusă de tribunal.

N.C.: În fața loviturii de stat nu răspund! Celor care au chemat armatele străine în țară, nu le răspund!

JUDECĂTORUL: Marea Adunare Naţională de care vorbeşti dumneata a fost dizolvată, destituită.

N.C.: Nu o poate nimeni dizolva!

JUDECĂTORUL: Prin voinţa nestrămutată a poporului avem alt organ al puterii, este Consiliul Frontului Salvării Naţionale, legal constituit şi recunoscut pe plan mondial.

N.C.: Nu recunosc pe nimeni şi de aceea poporul luptă în ţară până la eliminarea acestei bande de trădători, care sunt în legătură cu străinătatea, care au organizat lovitura de stat!

JUDECĂTORUL (*către grefier*): Nu recunosc noul organ al puterii de stat, legal constituit şi nici organele care au uzurpat, între ghilimele, puterea, de aceea poporul face dezordine astăzi în ţară şi luptă. (*către N.C.*) Împotriva cui luptă poporul? Luptă împotriva lui? Pentru ce luptă poporul?

N.C.: Pentru existenţa sa, pentru independenţă şi suveranitate, pentru integritatea României!

JUDECĂTORUL (*către grefier*): Uzurparea puterii a fost făcută cu ajutorul agenturilor străine, aşa a spus inculpatul!

N.C.: Voi spune public ori de câte ori e nevoie, dar nu recunosc aceasta ca o declaraţie.

JUDECĂTORUL: În primul rând spune-ne-o nouă!

N.C.: Ca simpli cetăţeni. Discutăm doar ca simpli cetăţeni!

Avocatul TEODORESCU (*se ridică în picioare şi se adresează judecătorului*): Pentru a putea rezolva o problemă de drept, pe care o supunem noi discuţiei, când ne veţi acorda cuvântul, vă rog să binevoiţi să întrebaţi pe inculpatul Ceauşescu Nicolae dacă are cunoştinţă de faptul că a fost destituit din funcţia sa de preşedinte al României.

JUDECĂTORUL (*către N.C.*): Ai aflat de acest lucru? (*N.C. nu răspunde.*)

Avocatul TEODORESCU: Şi pe inculpata Elena Ceauşescu, dacă ştie că a fost destituită din funcţiunile de stat pe care le deţinea? Şi încă următoarea întrebare: dacă are cunoştinţă că Guvernul a fost demis şi toţi cei care făceau parte din Guvern, inclusiv inculpata Ceauşescu Elena, au fost demişi din funcţiile pe care le deţineau. Aşa vom putea rezolva problema de drept ridicată de refuzul nejustificat al inculpaţilor de a răspunde întrebărilor puse de către tribunalul militar. Vă rog să-l întrebaţi dacă are cunoştinţă de acestea!

JUDECĂTORUL: Ai auzit inculpat, ai cunoştinţă că ai fost destituit din funcţia care o deţineai, că organele de stat existente au fost desfiinţate?

N.C.: Sunt preşedintele României şi comandantul suprem al armatei! Putem discuta ca simpli cetăţeni, ca simpli cetăţeni!

Avocatul TEODORESCU: Dar nu asta v-am întrebat, eu altceva am întrebat: dacă aveţi cunoştinţă că vi s-au ridicat aceste funcţiuni, ca să putem discuta legalitatea procesului de faţă, în contradictoriu cu afirmaţiile dumneavoastră că nu vă poate judeca decât Marea Adunare Naţională.

N.C.: În primul rând nu vă recunosc nicio calitate! Ca simpli cetăţeni, ca simpli cetăţeni!

Avocatul TEODORESCU: Cum doriţi dumneavoastră, ca simpli cetăţeni... (*Se aşează.*)

JUDECĂTORUL: Noi simpli cetăţeni, dumneata simplu preşedinte...

N.C.: Sunt preşedintele Republicii Socialiste România!

JUDECĂTORUL (*către grefier*): Vă rog să consemnaţi: nu recunosc noile organe legal constituite.

N.C.: Răspund în faţa Marii Adunări Naţionale şi a poporului, nu a celor care au organizat lovitura de stat cu ajutorul agenturilor străine.

JUDECĂTORUL: Plătite de Ceauşescu Nicolae.

N.C.: Nu! E un nonsens!

JUDECĂTORUL: Inculpat puţină atenţie! (*Către grefier.*) Vă rog să consemnaţi: Nu recunosc noile organe legal constituite ale puterii de stat – sunt preşedintele ţării şi comandantul suprem al Armatei. (*Pauză. Către N.C.*): De ce, inculpat, ai vrut să umileşti poporul, să-l terfeleşti, să-l aduci în halul în care l-ai adus, de ce ai exportat produsele pe care le munceau ţăranii? Veneau ţăranii din toată ţara, la Bucureşti să cumpere pâine, pe ger, pe frig, cei care produceau pâinea, cei la care te duceai dumneata să le dai indicaţii. De ce ai înfometat acest popor?

N.C.: Nu vă răspund la întrebare. Vă voi spune, vă spun ca la simpli cetăţeni şi voi arăta şi în Marea Adunare Naţională, că pentru prima dată cooperatorii au primit câte 200 de kg de grâu pe persoană – nu pe familie! – Şi mai aveau dreptul încă să mai primească.

JUDECĂTORUL: Primeau, primeau...

N.C.: E o minciună şi un fals. Vă spun, că este o minciună şi un fals! Arată câtă lipsă de patriotism există şi ce trădare s-a comis în ţara asta.

JUDECĂTORUL (*către grefier*): „Dimpotrivă, am luat măsuri să se dea câte 200 kg de grâu la ţărani." (*Către N.C.*) Şi atunci de ce veneau ţăranii să ia pâine de la Bucureşti?

N.C.: Pardon! Aproape în toate comunele s-au făcut brutării. Asta nu recunoaşteţi?

JUDECĂTORUL: Dumneata nu vrei să vorbeşti cu tribunalul!

N.C.: Vorbeşte un cetăţean şi ascult pe orice cetăţean, nu vă declar nimic. Nu recunosc nimănui nici o calitate. Ca simpli cetăţeni putem discuta orice.

JUDECĂTORUL: Dumneata foloseai foarte des o expresie, „avem programe minunate", probabil că de programul ăsta era vorba, una să scrii pe hârtie şi alta să se facă în realitate? Aşa ai vorbit şi despre sistematizarea localităţilor, care de fapt a însemnat distrugerea ţărănimii române, a plaiului nostru strămoşesc. Te-ai gândit vreodată la asta? Ca cetăţean?

N.C.: Ca cetăţean, niciodată în satele romaneşti nu s-a realizat o asemenea dezvoltare. Şi nu de distrugerea satelor româneşti, ci dimpotrivă, de consolidarea lor era vorba, de asigurarea unei producţii mai mari. Vă spun ca simplu cetăţean. S-au construit spitale, cu medici, şcoli, tot ce este necesar pentru o viaţă demnă şi lucruri care nu s-au făcut în nicio ţară din lume. Ca simpli cetăţeni vă spun acest lucru.

JUDECĂTORUL: Ultima întrebare inculpat! Vorbeai de egalitate şi că toţi suntem egali, că fiecare trebuie să primească după muncă lui. Am văzut la televizor vila fiicei dumitale, avea un cântar de aur pe care îşi cântărea carnea adusă din străinătate. Carnea asta de aici, a noastră, nu era bună.

E.C.: Extraordinar, extraordinar, de unde scoateţi atâtea scorneli! Stă într-un apartament ca fiecare cetăţean.

JUDECĂTORUL: Era vila bunicii!

E.C.: N-are vilă, n-avem niciunul!

JUDECĂTORUL: Aţi avut palat!

E.C.: Nu avem, sunt ale ţării!

JUDECĂTORUL: Pentru copii dădeai 10 lei de Revelion ca să-şi cumpere bomboane, aşa ai înţeles dumneata ca să ajuţi copiii, familiile cu copii!

Procurorul VOINEA: Domnule Preşedinte, am o întrebare: să ne spună inculpatul Ceauşescu Nicolae, contul de 400.000.000 de dolari...

JUDECĂTORUL: 400 de milioane de dolari din Elveţia.

E.C.: Ce cont?

PROCURORUL: Pe numele cui este, cui aparţine?

N.C. şi E.C. (*în acelaşi timp*): Ce cont?

JUDECĂTORUL: Cele 400 de milioane de dolari care au fost depuse la băncile din Elveţia!

E.C.: Să se facă dovada, dovada...! (*Bate cu palma în masă.*)

JUDECĂTORUL: O să se aducă şi dovada!

N.C.: Nu există nici un cont al nimănui şi ceea ce spuneţi arată cât de fals şi de provocator au procedat cei care au dat lovitura de stat!

JUDECĂTORUL: Îţi place mereu să foloseşti termenul de „lovitură de stat".

N.C.: Vă rog, nu am terminat. Ca cetăţeni...

JUDECĂTORUL (*către grefier*): Vă rog să consemnaţi: nu recunosc să fi depus eu sau alte persoane în numele meu, al familiei mele...

N.C.: Nici un dolar.

JUDECĂTORUL (*către grefier*): Nici un dolar la vreo bancă din străinătate.

N.C.: Nu, nu am dat declarație, îți spun ca simplu cetățean! Ce minciună, ce falsitate...

JUDECĂTORUL: La fiica dumitale s-a găsit suma de 90.000 de dolari, iar pe cetățenii care aveau un dolar îi trimiteai în judecată!

Avocatul LUCESCU (*către judecător*): Suntem la aceste 400 de milioane de dolari, vă rugăm să întrebați inculpatul dacă nu a deschis vreun cont și nu există pe numele domniei sale, dacă totuși contul există, este de acord ca acești bani să vină în țară pentru statul român, în Banca Națională?

JUDECĂTORUL: Ai înțeles inculpat?

N.C.: Vom discuta în Marea Adunare Națională.

Avocatul LUCESCU: Acum să ne spună dacă acești bani pot fi remiși statului român?

N.C.: Pentru dumneavoastră, ca simpli cetățeni...

JUDECĂTORUL: Noi suntem tribunalul, nu suntem simpli.

N.C.: Nu vă recunosc calitatea asta.

JUDECĂTORUL: Noi avem calitatea de tribunal.

N.C.: Dar ca cetățeni, vă spun, că nu am avut și nici nu am cont în nicio țară, în nicio valută.

JUDECĂTORUL: Nu aveți un fond depus în valută în nicio țară...

Procurorul VOINEA: Domnule președinte, dacă acest inculpat paranoic nu are nici un cont, să încheiem și noi conturile cu el, că se pare, că nu ne putem înțelege.

N.C.: Te voi trimite în judecată pentru insultă, cel care zice
că ar fi procuror. Te voi trimite în judecată pentru in-
sultă.

JUDECĂTORUL: La comisia de judecată...

N.C.: Şi la comisia de judecată, să vă judece adevărata ju-
decată a muncitorilor.

JUDECĂTORUL (*către grefier*): Vă rog să daţi citire de-
claraţiei, ca să audă.

GREFIERUL (*se ridică în picioare şi citeşte*): Nu recu-
nosc învinuirile ce mi se aduc, refuz să răspund la în-
trebarea cine este autorul genocidului de la Timişoara,
nu recunosc să fi dat ordin eu sau acoliţii mei să se
tragă în mulţimea adunată în piaţă, nu am dat ordin să
se tragă, refuz să răspund la întrebarea cine a recrutat
şi dirijat mercenarii străini care săvârşesc fapte şi în
prezent, omorând populaţia paşnică. Refuz să răspund
la întrebările puse de tribunal. Nu recunosc noul organ
al puterii constituite şi nici organele care au uzurpat
puterea de stat, între ghilimele. Uzurparea puterii a
fost făcuta cu ajutorul agenturilor străine. Nu recunosc
organele noi de stat. Sunt încă preşedintele ţării.

JUDECĂTORUL (*către grefier*): Tot între ghilimele.

GREFIERUL: Nu recunosc că am înfometat poporul, ci
dimpotrivă am luat măsură ca să dăm câte 200 kg de
grâu la ţarani, nu am intenţionat să dărâm satele Ro-
mâniei, ci am vrut să le modernizez. Nu recunosc să fi
depus eu sau alte persoane în numele meu nici un dolar
în băncile din străinătate.

N.C.: Nu am depus eu şi nu am dat nimănui, dar nu răs-
pund nimănui! E o provocare ordinară!

JUDECĂTORUL: Semnezi declaraţia, inculpat?

N.C.: Nu am dat nici o declaraţie. V-am spus ca simpli cetăţeni, ca să cunoaşteţi realitatea.

JUDECĂTORUL (*către grefier*): Refuză să semneze, de altfel, inculpatul a refuzat să recunoască şi legalitatea tribunalului în care a fost astăzi judecat.

N.C.: Şi a acestui aşa-zis Consiliu de Salvare Naţională.

JUDECĂTORUL: Deci ai aflat de existenţa acestui consiliu.

E.C.: Păi ne-aţi spus, ne-aţi spus aici... discutau oamenii... ne-a spus domnul avocat, apărarea.

JUDECĂTORUL: Este organ al puterii de stat legal constituite.

N.C.: Nu se poate constitui un organ legal decât de către puterea de stat, de Marea Adunare Naţională. Cei care prin lovitura de stat, prin trădare au uzurpat puterea, cum s-a întâmplat de sute şi sute de ori în istoria României, au sfârşit prin a răspunde în faţa poporului.

JUDECĂTORUL (*către E.C.*): Dumneata poate eşti mai cooperantă cu tribunalul, femeile sunt întotdeauna mai raţionale, mai înţelegătoare, poate şi-a pierdut cumpătul inculpatul Ceauşescu. Dumneaţa care ai fost prima colaboratoare, Cabinetul 2, dumneata ai avut cunoştinţă de genocidul de la Timişoara?

E.C.: Nu! Ce genocid?

N.C.: Nu vorbi nimic!

JUDECĂTORUL: Nu ai nicio legătură nici dumneata cu acest genocid? Sau dumneata erai întotdeauna preocupată de ştiinţă! De polimeri! Cine ţi-a publicat lucrările în străinătate?

N.C.: Sunt cu zecile lucrările publicate în străinătate, cu ştiinţa şi polimerii.

JUDECĂTORUL (*către E.C.*): Cine le scria?... Aaa... taci din gură!

E.C.: Ce să-i spun, dacă ei pot să spună aşa ceva?

N.C.: Păi, nu le spune! Preşedintele Academiei a făcut prefaţa la toate lucrările! Se poate?

Avocatul TEODORESCU: Ascultarea se face pentru fiecare în parte. Ori, dacă dumneavoastră ne susţineţi teza măcar, o rezolvăm noi până la urmă cu tribunalul, care să ne asculte ca reprezentanţi ai dumneavoastră. Că mai sunteţi încă preşedintele ţării, aşa susţineţi, dumneaei nu mai poate susţine acelaşi lucru! Lăsaţi-o să vorbească!

N.C.: Este viceprim-ministru al guvernului Republicii Socialiste România.

Avocatul TEODORESCU: Asta e altă treabă, lăsaţi-o să se apere în calitatea pe care o crede dumneaei!

E.C.: Păi, eu nu mă apăr de nimic!

N.C.: Aici, eu v-am spus ce v-am spus ca simplu cetăţean şi ce vă spune tovarăşa mea şi ce v-am spus eu, v-am spus ca simpli cetăţeni, ca să înţelegeţi... Nu am răspuns la nicio întrebare.

Avocatul TEODORESCU: Eu vă dau sfaturi, este obligaţiunea mea... şi este în interesul dumneavoastră.

JUDECĂTORUL (*către avocat*): Domnule avocat, vă rog. (*Către E.C.*) Deci dumneata în calitatea de viceprim-ministru, prim viceprim-ministru, pe care ai deţinut-o în vechiul organ al puterii administraţiei de stat, trebuia să fii la curent, să luaţi hotărâri colective, nu aşa erau prevederile Constituţiei? Cine a dat dispoziţie să se tragă în mulţimea de la Timişoara?

E.C.: Nu răspund la nici o întrebare. De la început şi până la sfârşit.

N.C.: Pentru cunoştinţa dumneavoastră, care sunteţi ofiţeri, pot eu răspunde la întrebare. Ordinul de a trage nu-l dă guvernul.

E.C.: Nu-l pot da eu! Guvernul nu poate să dea ordine, nu are în subordine armată.

JUDECĂTORUL: Dar la Bucureşti, în tinerii care au murit, cine a tras? Tinerii peste care au trecut tanchetele Securităţii? Dar teroriştii cine sunt?

E.C.: Teroriştii, se spunea aici, vorbeau oamenii, că sunt ai Securităţii.

JUDECĂTORUL: Teroriştii sunt ai Securităţii?

Avocatul LUCESCU: Securitatea nu era a comandantului suprem?

JUDECĂTORUL: Deci se vorbea pe aici că teroriştii sunt ai Securităţii!

N.C.: Răspund, nu! Nu este nici un răspuns, tot pentru lămurirea dumneavoastră.

JUDECĂTORUL (*către E.C.*): Cu dumneata am terminat! (*către N.C.*) Spune în ce împrejurări a murit generalul Milea? A fost împuşcat, de ce şi de cine?

N.C.: Întrebaţi medicul.

JUDECĂTORUL (*către grefier*): Nu răspund, este o provocare întrebarea cu privire la cauzele morţii generalului Milea. Să întrebăm medicul care e...

N.C.: Şi eu voi face anchetă, pentru a lămuri de ce s-a sinucis generalul Milea.

Procurorul VOINEA: De ce l-ai destituit pe generalul Milea şi l-ai făcut trădător?

JUDECĂTORUL: De ce l-ai făcut trădător? Am auzit comunicatul prin care ai instituit starea de asediu. Acolo ai declarat că generalul Milea, trădător, s-a sinucis pentru a scăpa de răspundere, de pedeapsa dreaptă pe care o aştepta ca trădător.

N.C.: Pentru lămurirea dumneavoastră, trădătorul Milea...

JUDECĂTORUL: De ce nu l-aţi judecat dacă era trădător?

N.C.: Pentru că atunci am constatat treaba aceasta, chiar în ziua respectivă. A plecat ca să aplice nişte măsuri, vă spun asta pentru judecata dumneavoastră şi au venit ofiţerii care erau cu el şi ne-au anunţat că s-a împuşcat. Şi abia după aceea am constatat că n-a aplicat ordinele stabilite, ca unităţile militare să-şi facă datoria.

JUDECĂTORUL: Dumneata întotdeauna ai vorbit mai mult decât colaboratoarea apropiată a dumitale, totdeauna ai fost în faţă, dar întotdeauna ai avut-o în dreapta dumitale. Şi ea cunoaşte tot atâtea lucruri importante, dar ar fi bine să fie relatate în faţa tribunalului, să cooperăm, să vorbim civilizat ca nişte intelectuali, cum vă pretindeaţi amândoi, membri ai Academiei, să ne spuneţi cu ce bani se plăteau publicaţiile, atât ale inculpatei, cât şi operele alese ale lui Nicolae Ceauşescu, cât şi cărţile de ştiinţă ale academicianului Elena Ceauşescu. Aşa-zisul academician.

E.C.: Aşa-zisul... Ne-ai luat şi titlurile...

JUDECĂTORUL: Nu le-am luat eu. Să răspundă la întrebările puse de tribunal.

E.C.: Heee... păi, sigur că da!...

JUDECĂTORUL (*către grefier*): Refuz să răspund la întrebările puse de tribunal!

N.C..: Însă tot pentru informarea dumneavoastră, că am
scăpat atunci, mi-ați spus că eu mâncam numai mân-
căruri din străinătate. Există de ani de zile lista cu ce
mănânc eu, 1.100 – 1.200 de calorii pe zi și numai le-
gume.

JUDECĂTORUL: Și poporului îi dădeai numai... cât îi dă-
deai? S-a îmbuibat acest popor!

N.C.: Și 60 de grame pe zi, de carne.

JUDECĂTORUL (*către procuror*): Mai aveți de pus între-
bări domnule procuror?

Procurorul VOINEA: Da, domnule președinte. Cine a dat
ordin să intervină forțele armate în înăbușirea demon-
strației de la Timișoara? Pentru că inculpatul spunea
că generalul Milea nu a respectat ordinele primite.
Care sunt aceste ordine? Ce n-a respectat?

N.C.: Voi spune în Marea Adunare Națională ce ordine n-a
respectat în București și de ce a trădat.

JUDECĂTORUL (*către avocatul Teodorescu*): Aveți de
pus întrebări?

Avocatul TEODORESCU: Vă rog să o întrebați pe incul-
pata Elena Ceaușescu dacă a fost sau este bolnavă
psihic?

E.C.: Ce este?!

Avocatul TEODORESCU: Dacă a fost sau este bolnavă
psihic. Și vă rog să consemnați răspunsul.

JUDECĂTORUL: Ai suferit de vreo boală psihică? Sau
dacă suferi acum?

E.C.: Ce provocare ordinară!...

Avocatul TEODORESCU: Nicio provocare, este în fa-
voarea dumneavoastră, că dacă sunteți iresponsabili
atunci e o apărare, dacă nu, e altă apărare.

E.C.: E o provocare, se poate să spui aşa ceva?!

N.C.: Nu ţi-am recunoscut dreptul...

JUDECĂTORUL: Dumneavoastră nu aţi avut niciodată un dialog cu poporul. Dânsul (*arată spre N.C.*) avea un monolog, după care lumea îl aplauda, ca în ritualurile africane, bătea lumea din palme, (*face gestul unei bătăi din palme*) aşa. Nici astăzi nu s-a comportat diferit. Mai puţin aplauzele! Nu v-aţi schimbat, nu aţi tras nici un fel de învăţăminte! (*Către avocaţi.*) Mai sunt de pus întrebări?... Probe în apărare aveţi?... (*Concluzionează.*) Nu.

Avocatul TEODORESCU (*către judecător*): Mai facem o ultimă încercare. Vă rog, procedura ne permite acest lucru.

(N.C. şi E.C. fac semn că nu au nevoie de ajutorul avocaţilor.)

Avocatul TEODORESCU (*către judecător*): Vă rog să consemnaţi, că refuză. Dacă refuză, este treaba lor.

JUDECĂTORUL (*către grefier*): Vă rog să consemnaţi în caietul dumneavoastră de grefier că refuză colaborarea cu apărătorii şi... că nu au probe.

E.C.: Adevăratul tribunal este Marea Adunare Naţională.

JUDECĂTORUL (*către E.C.*): Vrei să semnezi declaraţia?

E.C.: Nu, nici o declaraţie. Am muncit şi am luptat pentru popor, este poporul nostru şi nu-l trădăm noi!

JUDECĂTORUL: Ştiam că ziua dumitale este undeva înaintea zilei dânsului, dar nu am ştiut niciodată anul în care te-ai născut. Care este?

E.C.: Astea chiar sunt de femei...

JUDECĂTORUL: De aici a pornit toată minciuna, nici un dicționar nu spunea anul! Toate femeile își ascund vârsta, dar când este un om care apare în dicționare, în cărți, să nu se spună vârsta?... (*Pauză. Se uită la inculpați. Se adresează procurorului.*) Vă rog, domnule procuror să rețineți, tribunalul consideră cercetarea judecătorească a procesului terminată! Vă dau cuvântul să susțineți acuzarea!

Procurorul VOINEA: Domnule președinte, având în vedere atrocitățile săvârșite de Ceaușescu Nicolae și Ceaușescu Elena, noi considerăm că acești doi inculpați se fac vinovați de săvârșirea infracțiunilor prevăzute de articolele 162, 163, 165 și 357 din Codul penal, articole în baza cărora solicităm condamnarea celor doi inculpați la pedeapsă cu moartea, totodată, solicităm confiscarea totală a averilor soților Ceaușescu.

JUDECĂTORUL (*către avocați*): Aveți cuvântul în apărare.

Avocatul TEODORESCU: Înainte de a discuta problemele de drept, care se ivesc din ceea ce susțin inculpații, cărora le acordăm asistență chiar dacă au avut o poziție obstrucționistă, eu voiesc să vă subliniez faptul, că le-am făcut onoarea, venind de la București să le acordăm apărarea, care în ultimii 25-30 de ani nu s-a respectat. Că noi înțelegem, ca avocați, să apărăm indiferent cine ar fi și indiferent de faptele pe care le-a săvârșit, dar în limita dispozițiilor legale. Înțelegem totuși, ca și ei să înțeleagă, că numai un președinte în funcție poate cere pentru o faptă pe care ar săvârși-o să fie supus discuției organului legislativ, care la noi este Marea Adunare Națională. Odată cu destituirea dintr-o anumită funcție de stat, și noi nu vorbim pe calitatea dumnealui de secretar general al partidului, care e o altă treabă şi o judecă partidul, ci pe calitatea care a avut-o Ceauşescu Nicolae, aceea de preşedinte al acestei ţări, nu mai poate solicita judecata Marii Adunări Naţionale. Din momentul în care Frontul Salvării Naţionale s-a constituit, Consiliul acestuia care s-a constituit în mod legal, a luat măsura de demitere a guvernului şi de demitere din funcţia de preşedinte al republicii a lui Ceauşescu Nicolae, acesta este supus dispoziţiilor legale ca orice cetăţean din această ţară. Deci din acest punct de vedere, noi constatăm – şi vă rog să consemnaţi, în procesul verbal al şedinţei, acest fapt – că sunt îndeplinite toate formele procedurale prevăzute de lege pentru trimiterea în judecată şi judecarea celor care au compărut în calitate de inculpaţi. Deci, este o greşeală pe care o săvârşesc cei doi inculpaţi, de a se menţine în aceeaşi poziţie pe care au avut-o dintr-un început, zicând că este un act de provocare. I-am întrebat dacă sunt bolnavi psihic sau nu, pentru că una e impunitatea prevăzuta de lege, adică aceea în care eşti bolnav şi poţi fi supus unei expertize psihiatrice şi atunci eşti iresponsabil, şi alta este situaţia în care te comporţi ca un iresponsabil, dar eşti responsabil. Eu vă spun că dumnealor au acţionat ca iresponsabili, dar cu deplin discernământ în tot ceea ce au făcut. Ei sunt trimişi în judecată pentru patru fapte şi anume pentru faptele prevăzute de articolele 162, 163 şi 165 şi 357 din Codul penal şi constat în baza probelor care ne-au fost puse la dispoziţie, că aceştia se fac vinovaţi de aceste fapte. Rugămintea noastră, a apărării, însă, este una singură, ca dumneavoastră să luaţi o hotărâre care să nu aibă caracterul de vendetă, să nu aibă caracterul de răzbunare. Să înţeleagă, până în ultima lor clipă, că poporul acesta, printr-un tribunal legal constituit, că dacă nu ar fi fost legal constituit, noi suntem primii care am fi venit să spunem că e nelegal constituită o instanţă judecătorească, i-a condamnat în deplină legalitate! Trebuie să se lămurească pentru totdeauna, pentru clipele cât vor mai avea de trăit până la sfârşitul vieţii lor, că tribunalul acesta militar a fost şi este legal constituit şi că ei nu au calitatea decât de inculpaţi, iar nu calităţile de stat pe care le-au avut până în momentul în care li s-au ridicat aceste funcţiuni de către organul constituit legal în această ţară.

JUDECĂTORUL: Cu privire la faptele lor?

Avocatul TEODORESCU: În ce priveşte faptele prevăzute de articolul 162 şi anume aceea de subminare a puterii de stat, la probele care au fost culese şi ni s-au pus şi nouă la dispoziţie, nu pot face nici un fel de obiecţiune, socotind că aceştia, într-adevăr, se fac vinovaţi de săvârşirea acestor fapte. În ce priveşte faptele prevăzute de articolul 163 din Codul Penal, actele de diversiune, din materialul care ne-a fost pus la dispoziţie de către acuzare şi de care am luat cunoştinţă, vă rog să constataţi şi să luaţi act de declaraţia pe care o facem noi în calitate de apărători, că aceştia într-adevăr se fac vinovaţi şi de săvârşirea acestei infracţiuni. În ce priveşte infracţiunea de subminare a economiei naţionale, aceea prevăzută de articolul 165 din Codul Penal. Toate documentele referitoare la această infracţiune, au fost culese în scurt timp, în câteva zile, de organul de urmărire penală, sunt documente ce existau la momentul respectiv. Deci se fac vinovaţi inculpaţii şi de săvârşirea acestei infracţiuni. În fine, ultima faptă şi care este şi cea mai gravă, aceea de genocid, prevăzută de 357, litera c, din Codul Penal, constat că şi această faptă este săvârşită de aceştia. Rugămintea noastră, în calitate de apărători ai celor doi inculpaţi, soţii Ceauşescu Nicolae şi Elena, este aceea că dumneavoastră să daţi hotărârea, în numele legii, să nu apară ca un act de răzbunare a cuiva, ci să se înţeleagă că pentru acele fapte săvârşite, fiecare inculpat trebuie să-şi primească pedeapsa, aşa cum este prevăzută de lege. Vă mulţumesc.

Avocatul LUCESCU: Domnule preşedinte, domnilor asesori populari, reprezentanţi din sală, este greu să tragi concluzii împotriva oamenilor care, chiar şi deferiţi justiţiei, nu vor să recunoască crima împotriva poporului român, crima de genocid, nu numai la Timişoara şi Bucureşti, în momentele de faţă, ci crima de dinainte, de peste 20 şi ceva de ani. Crima prin înfometare, prin lipsă de căldură, prin lipsă de lumină, dar cea mai odioasă crimă a fost crima de a încătuşa spiritul românesc, sufletul acestui popor! Am văzut cu toţii odioasele crime săvârşite la Timişoara, odioasele crime săvârşite când copii nevinovaţi au fost călcaţi de tancuri cu şenile. Aţi pus la cale un act odios şi aţi îmbrăcat ofiţeri ai Securităţii din trupele dumneavoastră în ofiţeri ai Ministerului Apărării Naţionale, să daţi iarăşi o lovitură, ca Armata să nu vină alături de popor, ca poporul să urască Armata şi din această degringoladă dumneavoastră să puteţi câştiga timp pentru a creşte copii în orfelinate, pentru a-i trimite în străinătate şi apoi a-i aduce ca trupe de comando împotriva poporului român. Da, popor şi aici nu mă refer la oameni în vârstă! Dacă aţi fi împuşcat unul ca noi îi împuşcaţi pentru voinţa lor, dar ca să tăiaţi legăturile de oxigen de la capul bolnavilor, de la copii, să trageţi în spitale şi în bolnavi, să aruncaţi în aer sângele şi medicamentele poporului? Hrana cu care Bucureştiul s-ar fi putut hrăni luni de zile, iar militarii ar fi putut să susţină apărarea ţării, aţi băgat-o în subsoluri, unde teroriştii dumneavoastră şi astăzi se duc, se alimentează şi luptă împotriva oamenilor nevinovaţi, în speranţa că dumneavoastră îi veţi mai plăti vreodată din eforturile făcute de România. Cu multă emfază spuneaţi: am plătit datoriile! Nu numai că le-aţi plătit, ne-aţi secătuit şi v-aţi depus destui bani în străinătate, v-aţi dus la ayatolah să-i închinaţi un ultim omagiu. Eraţi la fel ca el, acelaşi spirit de clan care şi-a omorât poporul. Spuneţi că nu recunoaşteţi organismele noastre, ale puterii populare? Nu trebuie să le recunoaşteţi, domnule fost preşedinte, pentru că am luat în '48 puterea în mână şi cei de atunci nu s-au prevalat de nici un fel de legi ale Statului român. Regele Mihai a avut mai multă demnitate decât dumneavoastră. Poate aţi fi avut mai multă demnitate şi înţelegere din partea poporului român dacă v-aţi fi dat demisia, dacă aţi fi rămas acolo în străinătate. Cu străinii aţi trăit, puteaţi să muriţi cu ei! Vi s-a oferit şi azil politic.

N.C. şi E.C. (*râzând*): Nu plecăm noi de aici! Aici murim!

Avocatul LUCESCU: Râsul acesta este semnul voii dumneavoastră! Domnule preşedinte, greutatea apărării, care trebuie să fie apărare şi nu act de acuzare, constă în această odioasă neînţelegere a situaţiei din clipa de faţă. Domnule Preşedinte, aş fi fost unul dintre cei care m-aş fi dus şi aş fi luptat în cadrul Ministerului de Justiţie, în cadrul atribuţiilor noastre profesionale, care trebuie să fie umanitare, trebuie să fie de dăruire faţă de adevăr, faţă de adevărul pentru care se luptă astăzi, aş fi cerut să se suprime pedeapsa cu moartea pentru că în unele cazuri am avut şi proastă experienţă de a vedea că s-au făcut greşeli. Eu nu v-aş cere pedeapsa cu moartea. Dar este greu pentru poporul român să mai suporte să trăiască în condiţiile pe care ni le-a creat nouă inculpatul, să trăiască cu frica în sân, că poţi fi ridicat şi împuşcat, că poţi fi injectat şi dus la spitalul de nebuni, că împotriva familiei tale se pot lua cele mai odioase măsuri, pe baza „bunului" dosar de cadre ţinut de doamnă, şi a bunei ascultări, făcută de domnia sa! Până şi în WC îi asculta pe demnitari şi pe acoliţi! Cu asta se ocupa scumpa noastră conducere, marea savantă de renume mondial! (*Pauză.*) Vă rog să discerneţi totuşi momentul în care daţi soluţia în primul rând asupra crimelor comise, a crimelor în lanţ. Am ajuns să ne vedem liberi, ca urmare a două greşeli catastrofale făcute de inculpat: a adunat masele, care ştia că sunt împotriva lui şi a ucis generalul care îi apăra pielea, pentru că nu a fost de acord să tragă în demonstranţi. Armata nu a fost niciodată de acord cu aşa ceva. (*Către N.C. şi E.C.*) Aţi ucis tinerii, copiii aceia minunaţi, cu ce au fost de vină? De care popor vorbiţi, dacă preţul libertăţii noastre este câştigat cu sângele acestor copii. (*Către judecător.*) Domnule Preşedinte, aveţi aceste fapte şi ca atenuante aş spune, că

tocmai megalomania pe care a avut-o ne-a adus aici,
da, tocmai pentru acest lucru veţi vedea şi demnitatea
soluţiei, veţi vedea şi faptele. Vă mulţumesc pentru
atenţie.

JUDECĂTORUL: Inculpat Ceauşescu Nicolae, dumneata
ce ai de spus la ultimul cuvânt?

N.C.: Nu sunt inculpat, sunt preşedintele României, co-
mandant suprem şi voi răspunde în faţa Marii Adunări
Naţionale şi reprezentanţilor clasei muncitoare! Şi cu
asta am terminat! Totul este minciună de la un capăt la
altul, minciuna celor care au dat lovitura de stat, mer-
gând până la distrugerea independenţei României!

JUDECĂTORUL: Cu dumneata nu se poate stabili un di-
alog civilizat, raţional, logic!

N.C.: Cu oamenii corecţi, pot! Când mă duceam în fabrică,
mă ridicam în faţa muncitorului şi discutam în picioare.

Avocatul LUCESCU: Domnule preşedinte, dacă îi mai
daţi cuvântul în continuare considerăm că este o jig-
nire adusă poporului român şi actului de justiţie româ-
neasca!

JUDECĂTORUL: Tribunalul se retrage pentru deliberare!

*(Cât timp tribunalul se retrage pentru deliberare,
se aude un colind de crăciun.)*

E.C.: Nicule, un colind!

N.C.: Un colind de Crăciun!

E.C.: Azi e prima zi de Crăciun!

*(Amândoi asculta colindul în linişte ţinându-se
discret de mână.*

Completul de judecată revine în sală pentru a da citire pronunțării sentinței.)

JUDECĂTORUL: Ridicați-vă în picioare!

E.C.: Nu dragă, nu ne ridicăm în picioare, suntem oameni...

JUDECĂTORUL: Tribunalul, în numele legii și al poporului, deliberând în secret, condamnă în unanimitate de voturi pe inculpații Ceaușescu Nicolae și Ceaușescu Elena la pedeapsa capitală și confiscarea totală a averii, pentru săvârșirea infracțiunilor de genocid prevăzute de art. 357, aliniatul 1, litera c, Cod Penal; subminarea puterii de stat prevăzuta de art. 162 Cod Penal; act de diversiune, prevăzut de art. 163 Cod Penal și subminarea economiei naționale prevăzuta de art. 165, aliniatul 2 Cod Penal. Pronunțată în ședința publică, astăzi 25 decembrie 1989.

Avocatul TEODORESCU: Vă rog să-mi îngăduiți să mai iau o dată legătură cu inculpații.

N.C.: Nu recunosc nici un tribunal.

Avocatul TEODORESCU: Nerecunoscând tribunalul nu se poate exercita nicio cale de atac! Vă rog să constatați că în condițiile acestea hotărârea este definitivă!

N.C.: Cine a dat lovitura de stat poate să împuște pe oricine!

(Tribunalul se retrage prin spatele inculpaților ieșind prin coridor. Când generalul Stănculescu trece pe lângă N.C. și E.C., cea din urmă spune:
„Nicule, în România se omoară oameni?")

N.C.: România va trăi-n în veci de veci! Toți trădătorii, oricâți vor fi, vor muri! Va trăi România și poporul român liber! „Mai bine-n luptă cu gloria deplină, decât să fii sclav încă pe vechiul pământ"... Ce nedreptate! Toate ne-au spus pe lumea asta, dar nimic de trădători!

E.C.: Şi i-am avut lângă noi.

N.C.: Da.

E.C.: Da, aşa se întâmplă, trădările vin de lângă tine.

(Doi soldaţi din trupele de paraşutişti se apropie de N.C. şi E.C. şi încearcă să le lege mâinile cu sfoară, fiecare separat.)

N.C.: Nu e voie! Nu e nevoie! Nu ne legaţi!

E.C.: Nu sunt de acord! Împreună am luptat, să murim împreună. Dacă vreţi să ne omorâţi, ne omorâţi pe amândoi, împreună, nelegaţi. Nu dragă... împreună, mergem împreună, legea aşa spune. Ne dă dreptul să fim împreună. Ce e asta? Ce vrei să faci cu asta? Nu admit, nu puneţi mâna pe noi, nu ne legaţi, nu ne jigniţi, nu ne legaţi, nu e voie să ne legaţi! Vă e frică de popor. Nu ne rupeţi mâinile, mă copii. E ruşine! V-am crescut ca o mamă, daţi-mi drumul la mâini, îmi rupeţi mâna, daţi-mi drumul, aoleo, măi băiatule, mă!

UNUL DINTRE SOLDAŢI: Jumătate din colegii noştri sunt morţi din cauza dumneavoastră. Ai noştri, colegii, fraţii noştri!

N.C.: Nu! Nu! Vă mint!...

SOLDAŢII: Nu ne mint!

E.C.: Ăia sunt ai Securităţii, nu sunt ai noştri! Noi suntem aici! Mai avem noi puterea? Voi o aveţi! Întrebaţi-i pe cei care au puterea cine i-a omorât pe colegii şi pe fraţii voştri!

N.C.: Puteaţi să ne omorâţi fără toată mascarada asta!

*(Soldaţii reuşesc să lege mâinile celor doi. Apoi îi târâie prin coridor spre zidul unde scrie WC. În timp ce este târâit prin coridor şi până ce este pus cu spatele la zid, N.C., cânta primele versuri din Internaţională. „Sculaţi voi oropsiţi ai vieţii, voi osândiţi la moarte sus!" Reflectoarele îi urmăresc pe cei doi şi lasă sala unde a avut loc procesul în întuneric. Când ajung la locul execuţiei lumina cade în totalitate pe partea din stânga a scenei. Cei doi sunt puşi cu spatele
la zid de cei doi soldaţi.
Ei erau aşteptaţi de căpitanul Boeru şi de alţi doi soldaţi. Soldaţii care i-au adus se retrag şi cuplul Ceauşescu rămâne lângă zid cu mâinile
legate la spate. Doi dintre soldaţi se apropie şi încep să-şi descarce încărcătoarele în cei doi condamnaţi.
Unuia dintre ei, cel care trăgea în N.C., i se blochează pistolul mitralieră. Din spate vine căpitanul Boeru şi-şi descarcă şi el încărcătorul în N.C. Cuplul Ceauşescu se prăbuşeşte la pământ.
Pe ecran apare imaginea de acum celebra cu cei doi morţi lângă zidul din Târgovişte.)*

Apoi după scurt timp apare crainicul TVR care spune:

Luni, 25 decembrie 1989 a avut loc procesul lui Nicolae Ceauşescu şi al Elenei Ceauşescu, în faţa Tribunalului Militar Excepţional.

Capete de acuzare:

– Genocid – peste 60.000 de victime;
– Subminarea puterii de stat prin organizare de acţiuni armate împotriva poporului şi a puterii de stat;
– Infracţiunea de distrugere a bunurilor obşteşti prin distrugerea şi avarierea unor clădiri, explozii în oraş etc.;
– Subminarea economiei naţionale;

– Încercarea de a fugi din ţară pe baza unor fonduri de peste un miliard de dolari, depuse în bănci străine.

Pentru aceste crime grave împotriva poporului român şi a României, inculpaţii Nicolae Ceauşescu şi Elena Ceauşescu au fost condamnaţi la moarte şi confiscarea averii. Sentinţa a rămas definitivă şi a fost executată.

După dispariţia crainicului pe ecran apare următorul text:

Nici una din acuzaţiile din sentinţă nu a fost dovedită. Subminarea economiei naţionale a început după 1990, în ritm accelerat şi până astăzi nimeni nu a fost trimis în judecată.

O primă întrebare: Se poate construi un stat de drept pe fundamentul unui asasinat politic? Până în prezent răspunsul e negativ.

A doua întrebare: A fost Nicolae Ceauşescu un erou şi un martir al poporului român? Pentru cei care am trăit în perioada dictaturii în mod evident, nu!

Dar cum îl vor privi urmaşii noştri peste 100 de ani, având în vedere nimicnicia celor care i-au urmat?

BIBLIOGRAFIE

Badea, Dan, *Interviu cu Mihai Hârjeu, secretarul personal al lui Nicolae Ceauşescu, 7.02.1994*, în „Curentul" din 23.12.2010.

Decembrie 1989. Mărturii şi documente, în „Curentul", 23 decembrie 2010.

Interviu cu Constantin Manea, şeful *de cabinet al lui Nicolae Ceauşescu,* sursa: http://www.danbadea. net/2010/12/28/decembrie-1989-constantin-manea-fostul-sef-de-cabinet-al-presedintelui-ce-a-facut-nicolae-ceausescu-de-la-intoarcerea-din-iran-pana-la-fuga-de-pe-sediul-cc-al-pcr/.

Berindei, Mihnea, *20 de ani de la revoluţie. Ceauşescu, decembrie 1989*, în „Revista 22" din 21.12.2013.

Bran, Ovidiu, *Interviu cu Vasile Malutan pilotul personal al lui Nicolae Ceauşescu, medicul Nicolae Decă şi Nicolae Petrişor,* sursa: http://stirea.wordpress. com/2009/09/30/interviu-cu-colonelul-vasile-malutan-nicolae-deca/.

Duţu, Alesandru, *Revoluţia din decembrie 1989. Cronologie*, Bucureşti, Editura Institutului Revoluţiei Române din Decembrie 1989, 2006, pag. 197.

Comisia senatorială de cercetare a evenimentelor din decembrie 1989, 30 mai 1995, audierea maiorului Florian Raţ, a căpitanului Marian Rusu şi a generalului-locotenent Ilie Ceauşescu, în 1994, a generalului-locotenent Victor Stănculescu, în 1993, sursa: http://ceausescunicolae.wordpress.com/targoviste-22-25/.

Nicolae Ceauşescu. Lovitura de stat 1989, sursa: http://ceausescunicolae.wordpress.com/lovitura-de-stat-militara/.

Procesul şi execuţia soţilor Ceauşescu, sursa: http://ro.wikipedia.org.

Stenograma audierii lui Vasile Maluţan la Comisia „Decembrie 1989" în data de 25 mai 1995, sursa: https://stirea.wordpress.com/tag/vasile-malutan/.

Stenograma procesului Ceauşescu, sursa: http://ro.wikisource.org.

Ultimele zile din viaţa soţilor Ceauşescu, rememorate la Târgovişte după 23 de ani, sursa www.gândul.ro 4.09.2013.